8
K 24
B

I

ALGER.

TABLEAU DU ROYAUME,

DE LA VILLE D'ALGER

ET DE SES ENVIRONS.

QUATRIÈME ÉDITION.

Ouvrage dont il reste encore quelques Exemplaires.

LE MÉCANICIEN Anglais, ou Description raisonnée de toutes les Machines, Mécaniques, Découvertes nouvelles, Inventions et Perfectionnemens appliqués, jusqu'à ce jour, aux Manufactures et aux Arts industriels ; mis en ordre pour servir de Manuel pratique aux Mécaniciens, Artisans, Entrepreneurs, etc. ; par Nicholson, ingénieur. 4 forts vol. in-8., avec un Atlas de 100 belles planches gravées en taille-douce. Prix : 40 fr., et 45 fr. franco.

(Cet Ouvrage est le meilleur qui ait paru en ce genre : il est indispensable à tous les Manufacturiers, Chefs d'Ateliers, Entrepreneurs, n'importe en quel genre d'Industrie et de Mécanique ; il leur servira de guide, abrégera leur Travail, leur donnera des Idées nouvelles, et les conduira au Perfectionnement, qui est le but de tous les Artistes et Industriels.)

PARIS. — IMPRIMERIE ET FONDERIE DE FAIN,
RUE RACINE, N°. 4, PLACE DE L'ODÉON.

ALGER.

Lith. de Bichebois ainé a St Denis.

ALGER.

TABLEAU DU ROYAUME,
DE LA VILLE D'ALGER
ET DE SES ENVIRONS;

ÉTAT DE SON COMMERCE,
DE SES FORCES DE TERRE ET DE MER;

DESCRIPTION
DES MOEURS ET DES USAGES DU PAYS;

PRÉCÉDÉS D'UNE INTRODUCTION HISTORIQUE
SUR LES DIFFÉRENTES EXPÉDITIONS D'ALGER,
DEPUIS CHARLES-QUINT JUSQU'A NOS JOURS;

AVEC CARTE, VUE, PORTRAITS ET COSTUMES DE SES HABITANS;

Par M. RENAUDOT,
Ancien officier de la garde du Consul de France à Alger.

QUATRIÈME ÉDITION,
REVUE ET CORRIGÉE.

Prix : 7 fr. et 8 fr. franco.—Avec les fig. coloriées, 2 f. de plus.

PARIS.
LIBRAIRIE UNIVERSELLE DE P. MONGIE AINÉ,
BOULEVART DES ITALIENS, N° 10.

1830.

INTRODUCTION.

COUP D'OEIL HISTORIQUE

SUR

LES DIFFÉRENTES EXPÉDITIONS D'ALGER,

DEPUIS CHARLES-QUINT JUSQU'A NOS JOURS.

Vers le commencement du seizième siècle, une bande de pirates nombreuse et intrépide parcourait la Méditerranée avec une flotte composée de douze galères et de plusieurs vaisseaux moins considérables. Cette flotte avait pour chef le fils d'un corsaire renégat de Lesbos et d'une Espagnole d'Andalousie. Il s'appelait Aroudj; mais c'est sous le nom de Barberousse, que lui avait fait donner la couleur de sa barbe, qu'il s'est rendu célèbre. Barberousse et son frère, Khaïr-Eddyn, qui lui servait de lieutenant, prirent le titre d'amis de la mer et d'ennemis de tous ceux qui voguaient sur ses eaux. La terreur de leurs noms se répandit bientôt depuis le détroit des Dardanelles jusqu'à celui de Gibraltar. Puissans et redoutés, ils aspirèrent à jouer un rôle plus relevé que celui de pirates vagabonds, et conçurent l'idée de fonder un établissement sur l'un des rivages du nord de l'Afrique, où ils avaient coutume de conduire le butin qu'ils ravissaient aux habitans des côtes d'Espagne et d'Italie. La fortune ne tarda pas de sourire à leur dessein. Selim Eutemy, roi d'Alger, qui plusieurs fois avait tenté sans succès d'expulser les Espagnols de la Barbarie, invoqua, par un ambassadeur, l'appui de l'invincible Barberousse. Le corsaire ambitieux s'empressa de céder à cette invitation. Il entra dans Alger avec une troupe de cinq mille hommes braves et dévoués, et fut reçu comme un libérateur, aux acclamations du peuple. Maître de cette ville par ses soldats, il prit aussitôt le parti d'y usurper la souveraineté. Le malheureux Selim périt assassiné, et Barberousse monta sur le trône. Les vengeances dont il accabla ses adversaires, les faveurs qu'il prodigua à ses amis, l'affermirent également dans son autorité. Il agrandit ses états et devint le véritable fondateur de ces régences d'Afrique qui sont organisées pour le brigandage maritime.

Les côtes d'Espagne et d'Italie furent alors infestées par des flottes qui ressemblaient plutôt aux armemens d'un grand monarque qu'aux petites escadres d'un chef de corsaires. Charles-Quint reconnut la nécessité de mettre un frein aux progrès du redoutable Barberousse. Celui-ci, contraint de fuir d'Alger, fut rencontré par les Espagnols, à huit lieues de Tremecen, obligé d'engager le combat, et succomba en se défendant avec un acharnement et une bravoure qui ne démentaient point sa renommée. Après sa mort, Khaïr-Eddyn, également surnommé Barberousse, fut proclamé roi d'Alger et général de la mer, du consentement de tous les capitaines corsaires. Mais, dans la crainte de ne pouvoir résister avec ses propres forces à ses ennemis du dedans et du dehors, il se mit, ainsi que ses états, sous la protection de la Porte-Ottomane. Plus puissant, quoique descendu au rang de vice-roi, il reçut deux mille janissaires que lui envoya Selim 1er., et se livra tout entier à ses projets de conquête. Tunis tomba en son pouvoir. Ces brillans succès et de nouvelles déprédations exercées en Espagne attirèrent une seconde fois les yeux de Charles-Quint sur le nord de l'Afrique. Une grande expédition, commandée par l'empereur lui-même, se dirigea vers Tunis et en chassa Khaïr-Eddyn. Dès lors Alger devint le centre de la piraterie et le repaire de tous les brigands qui dévastaient les rivages de la Méditerranée, et pillaient tous les navires qui sillonnaient les flots de cette mer.

A Barberousse II succéda Hassen-Aga, qui

avait acquis dans le métier de corsaire une rare expérience, et joignait un courage éprouvé à des talens remarquables. Les états de la chrétienté n'avaient pas eu peut-être autant à souffrir des exploits de l'un et l'autre Barberousse que de l'audace et de la férocité de Hassen-Aga. Ses corsaires avaient, pour ainsi dire, interrompu le commerce de la Méditerranée. Les alarmes continuelles qu'il jetait sur les côtes d'Espagne amenèrent la nécessité d'établir des postes militaires de distance en distance pour préserver les habitans de l'invasion des Barbaresques. Les réclamations universelles de l'Europe, l'honneur de venger l'humanité et la justice également outragées, un reste de l'ancien esprit des croisades, le désir d'ajouter à la gloire que lui avait acquise son expédition de Tunis, tout engageait Charles-Quint à la renouveler contre Alger. Il donna des ordres en Espagne et en Italie pour l'équipement d'une flotte et la levée d'une armée imposante. Tous les préparatifs étant achevés, Charles-Quint mit à la voile le 15 octobre 1541. Sa flotte réunissait soixante-dix galères, deux cents gros vaisseaux et cent plus petits; elle portait vingt mille hommes d'infanterie et deux mille de cavalerie, tant Espagnols qu'Italiens et Allemands, la plupart vieux soldats, et trois mille volontaires, la fleur de la noblesse d'Espagne et d'Italie, qui voulait se faire un titre à la faveur de l'empereur en le suivant dans son expédition d'Afrique, et croyait d'ailleurs voler à des victoires certaines. Des forces aussi considérables, qui s'étaient encore accrues de mille soldats envoyés par l'ordre de Saint-Jean de Jérusalem, sous la conduite de cinq cents des plus braves chevaliers de Malte, devaient inspirer, à la vérité, les plus belles espérances; aussi Charles, dans son ardeur belliqueuse, ne tint-il aucun compte des remontrances du célèbre André Doria, qui le conjura de ne point exposer une flotte et une armée si brillantes à une ruine presque inévitable, en risquant l'approche des côtes dangereuses d'Alger au moment où la violence des vents d'automne les rendait inabordables. L'événement montra bientôt combien il eût été sage de déférer aux conseils de l'habile marin. Charles, à peine embarqué, essuya une tempête si terrible qu'il ne put qu'avec les plus grands efforts, et après avoir échappé à toutes sortes de dangers, toucher à l'île de Majorque, où était fixé le rendez-vous général de la flotte. Le trajet de l'île de Majorque aux côtes d'Afrique fut également long et difficile. Lorsque la terre se montra, l'agitation des flots et la fureur de la tempête mirent obstacle au débarquement. Cependant l'empereur, profitant d'un instant favorable, opéra sa descente à trois ou quatre lieues d'Alger, vers laquelle il marcha sans retard.

Hassen n'avait à opposer à ce puissant armement que huit cents janissaires et cinq à six mille

Maures, en partie naturels, en partie réfugiés de Grenade. Il répondit avec hardiesse et fierté à la sommation qu'on lui fit de se soumettre. Toutefois il ne pouvait espérer, avec de si faibles ressources, de triompher d'une armée aguerrie, disciplinée, supérieure en nombre à celle qui avait vaincu Barberousse à la tête de soixante mille hommes, et pris Tunis malgré les talens et la valeur de ce fameux pirate. Mais cette fois les assiégeans et les assiégés ayaient dans leurs calculs oublié les orages.

Deux jours s'étaient écoulés depuis que Charles-Quint avait mis ses troupes à terre. Aucune action remarquable n'avait encore eu lieu. Tout à coup les nuages s'amoncellent et le ciel s'enveloppe d'effrayantes et profondes ténèbres; la nuit vient, les vents mugissent avec fureur, et la pluie, qui tombe à torrens, inonde les impériaux exposés, sans abri, à sa violence. Leur camp, placé dans un bas-fond, fut entièrement couvert d'eau. On ne pouvait faire un pas sans enfoncer dans la fange jusqu'à mi-jambe, et pour n'être point renversé par le vent il fallait planter sa lance dans le sol et s'y appuyer avec force. Hassen avait trop d'expérience dans l'art de la guerre pour ne point comprendre quel avantage il aurait à attaquer un ennemi en désordre. Au point du jour il fit une sortie avec des troupes qui n'avaient rien souffert de la tempête, et repoussa les premiers postes.

Les impériaux essayèrent de résister avec courage à cette attaque imprévue ; mais la pluie avait éteint leurs mèches et mouillé leur poudre ; leurs mains glacées de froid se refusaient à tenir les mousquets, et, succombant sous le poids de leurs armes, ils furent promptement mis en déroute. Alors l'empereur s'avança avec toutes ses forces pour arrêter le roi d'Alger, qui se retira en bon ordre après avoir tué un grand nombre d'ennemis.

L'ouragan n'avait point cessé ses ravages, et le jour, en paraissant, offrit aux impériaux le spectable d'une mer orageuse, où les navires qui composaient la flotte, encore tout chargés des bagages, des vivres et des munitions de l'armée, étaient arrachés de leurs ancres, se brisaient les uns contre les autres, allaient heurter contre les rochers, s'échouaient sur le rivage, ou s'abîmaient dans les flots. Quinze vaisseaux de guerre et soixante bâtimens de transport périrent en moins d'une heure. Huit cents hommes furent noyés, et ceux qui tentaient de gagner la terre à la nage étaient impitoyablement massacrés par les Arabes.

Ainsi c'était peu des désastres qu'avaient essuyés les troupes débarquées, elles voyaient maintenant s'engloutir toutes leurs provisions, et n'avaient plus en perspective qu'une mort sans combat sous le fer des Algériens ou les horreurs de la famine. A la fin, cependant, la tempête s'apaisa ; mais l'armée passa une seconde nuit dans les plus terribles transes, ignorant s'il serait encore possible de sauver assez de vaisseaux pour la ramener en Europe. Le lendemain un messager envoyé par Doria, sur une barque, étant venu à bout de toucher la terre, informa l'empereur que l'amiral avait échappé à cette tempête, la plus effroyable qui l'eût encore assailli depuis cinquante ans, et qu'il s'était retiré sous le cap de Métafuz, avec ses vaisseaux fracassés. Comme le ciel était toujours orageux et menaçant, l'amiral conseillait à l'empereur de marcher sans délai vers ce cap, qui était l'endroit le plus propice au rembarquement des troupes. Mais comment gagner ce cap, éloigné de quatre jours de marche? Les provisions débarquées à terre étaient épuisées, et les soldats découragés, affaiblis, n'avaient pas la force de résister à de nouvelles fatigues. Il fallut pourtant suivre le conseil de Doria. On plaça les blessés et les malades entre la tête et l'arrière garde, où se trouvaient ceux qui avaient le moins souffert. Cette marche fut longue et cruelle; elle acheva d'épuiser un grand nombre d'hommes qui tombèrent en route, tandis que d'autres mouraient d'inanition à leurs côtés, se noyaient dans les torrens que les pluies avaient prodigieusement gonflés, ou périssaient par le feu de l'ennemi, qui ne leur laissa, ni nuit ni jour, un instant de relâche. Des racines, des graines sauvages, la chair des chevaux, que l'empereur faisait tuer et distribuer, tels étaient les moyens de subsistance qui restaient à ces troupes consternées, souffrantes, et encore exposées à tant de dangers. Elles arrivèrent enfin à proximité de la flotte et retrouvèrent des vivres et le repos.

Pendant ces calamités, Charles racheta constamment la présomption et l'entêtement qui lui avaient fait entreprendre son expédition dans une saison aussi défavorable, en déployant toutes les plus nobles vertus d'un roi. Sa fermeté, son humanité, sa constance et sa grandeur d'âme, lui conquirent l'admiration de l'armée. Il partagea les plus grands dangers, les plus grandes fatigues, se montra partout, consolant les malades et les blessés, ranimant ceux qui perdaient tout espoir, et donnant toujours l'exemple du courage et de la persévérance. Il fut l'un des derniers à s'embarquer, et brava jusqu'au dernier moment la présence d'un corps d'Algériens qui menaçait de fondre sur l'arrière-garde. Enfin, les impériaux pouvaient se flatter de revoir leur patrie ; mais ils n'étaient pas encore au bout de tous leurs malheurs. Une nouvelle tempête s'éleva bientôt et dispersa toute la flotte. Chaque vaisseau aborda où il put, en Espagne et en Italie. Charles-Quint lui-même n'arriva en Espagne qu'après mille périls et avoir été retenu pendant plusieurs semaines par les vents contraires dans le port de Bregie. Il ne lui restait plus le tiers de cette armée si brillante et si formidable qu'il avait amenée avec lui.

Les Algériens, en faveur de qui les élémens s'étaient déclarés d'une manière si fatale à leurs adversaires, crurent fermement que leur capitale avait été sauvée par un miracle des mains du puissant Charles-Quint. Ils publièrent qu'un de leurs saints frappa la mer, et excita cette furieuse tempête qui fit périr la flotte de l'empereur. Il ne faut pas s'étonner dès lors que l'issue malheureuse de cette expédition, et l'opinion que l'appui du ciel leur était acquis, les aient encouragés à reprendre leurs courses maritimes, à continuer de piller les vaisseaux européens, de ravager les côtes et de réduire les chrétiens en esclavage. L'Europe supporta long-temps cette sauvage tyrannie avec une patience ou une indifférence dont il est difficile de se rendre compte, lorsqu'on songe qu'il n'a manqué aux gouvernemens que de la bonne volonté pour délivrer à jamais la Méditerranée du brigandage des Barbaresques. C'est un projet qui tenta la noble ambition de Louis XIV, et, s'il ne put le mettre entièrement à exécution, du moins parvint-il à tirer une éclatante vengeance des pirates d'Alger.

Le duc de Beaufort avait déjà battu deux fois sur mer les Algériens, lorsqu'enfin le développement de nos forces maritimes nous permit d'infliger à ces corsaires un châtiment dont ils se sont souvenus pendant bien des années. Cependant le bombardement d'Alger était résolu qu'on ne savait pas encore de quelle manière l'exécuter ; car on n'imaginait pas alors que des mortiers pussent n'être pas placés à terre, et se passer d'une assiette solide. Un jeune homme, nommé Bernard Renau, dont Colbert avait deviné le mérite, proposa de construire des galiotes à bombes, essuya des contradictions, obtint néanmoins l'assentiment de Louis XIV, et dirigea lui-même, sous le commandement du célèbre Duquesne, le bombardement d'Alger. Mais, avant de commencer le récit de cette expédition, il n'est pas hors de propos de nous arrêter un instant sur celui dont le génie la rendit possible.

Bernard Renau d'Éliçagaray était né dans le Béarn, d'une famille noble, nombreuse et peu favorisée de la fortune. Heureusement, il fut connu de bonne heure de Colbert de Terron, intendant de Rochefort, qui le prit en affection, le reçut chez lui; et probablement parce que le séjour de Rochefort avait donné au jeune homme l'occasion de manifester ses dispositions pour la marine, il lui conseilla d'étudier les mathématiques. Son application et ses progrès démontrèrent bientôt qu'il était entré dans la route où l'appelait son génie. Quand il fut assez instruit dans la nouvelle science à laquelle il était fermement résolu de se consacrer, il obtint par le moyen de M. de Seignelay, à qui Colbert de Terron l'avait vivement recommandé, une place auprès du comte de Vermandois, amiral de France, avec une pension de mille écus. En 1679, Louis XIV, voulant perfectionner le système de construction navale pratiquée en France, ordonna aux principaux officiers de la marine de se rendre à la cour avec les constructeurs les plus habiles, pour convenir d'une méthode générale à établir dans les chantiers du royaume. Renau avait déjà donné une si haute idée de son esprit et de ses talens, qu'il fut appelé à ces conférences, qui se tinrent souvent en présence du roi et de Colbert. Deux méthodes furent mises en discussion, celle de Duquesne et celle de Renau qui, jeune encore, n'avait jamais servi sur les vaisseaux, et n'était un excellent marin qu'à force de génie. Ayant pour concurrent un amiral justement célèbre par ses connaissances et ses exploits, il devait craindre de ne pas l'emporter, et peut-être son système n'eût pas été adopté, si Duquesne, sacrifiant son amour-propre à l'intérêt de l'état, n'avait donné lui-même la préférence aux idées de son jeune rival.

Renau eut ordre d'aller, avec M. de Seignelay, le chevalier de Tourville, depuis maréchal de France, et le fils de Duquesne, à Brest et dans les autres ports, pour y mettre en pratique sa méthode de construire les vaisseaux, et former par ses soins d'habiles constructeurs.

Le moment vint enfin où l'on s'occupa de la nécessité de réprimer le brigandage des Algériens.

enau osa proposer dans le conseil de bombarder
lger avec une flotte. La proposition révolta. En
ffet, comme je l'ai déjà dit, on était persuadé que
es mortiers à bombes ne pouvaient pas être posés
illeurs que sur un terrain solide. La routine et
'envie luttèrent contre l'auteur d'un projet que
'une ne comprenait pas, que l'autre ne compre-
ait que trop bien. Renau fut traité de visionnaire
t d'insensé; mais il défendit sa cause avec cette
'loquence, avec cette fermeté qui naissent de la
onscience que le génie a de ses propres forces, et
ouis XIV lui permit l'essai de cette nouveauté.

Renau fit construire au Havre trois vaisseaux,
t deux à Dunkerque, plus petits que les vaisseaux
rdinaires, mais plus forts en bois, sans pont, avec
n faux tillac à fond de cale, où l'on maçonna des
reux pour recevoir des mortiers. Il s'embarqua sur
es bombardes du Havre pour aller chercher celles de
unkerque. On avait prétendu qu'il était impos-
ible de construire des vaisseaux de cette espèce;
enau venait de donner un premier démenti à ses
étracteurs: on doutait maintenant qu'ils pussent
aviguer avec sûreté; l'événement va confondre
ne seconde fois la critique. Le vaisseau que Re-
au montait fut battu d'un coup de vent des plus
urieux, presque à l'entrée de la rade de Dunkerque.
'ouragan renversa un bastion de cette ville, rom-
pit les digues de la Hollande, et submergea qua-
tre-vingt-dix vaisseaux sur la côte; mais la galiote

de Renau, cent fois abîmée, échappa à ce désastre sur les bancs de Flessingue, et revint à Dunkerque après être sortie victorieuse de cette épreuve décisive. Maintenant il ne s'agissait plus que de voir opérer ces galiotes de nouvelle invention.

Les cinq bâtimens mirent à la voile sous les ordres du vieux Duquesne, qui était chargé de diriger l'expédition, et n'en attendait lui-même aucun succès. Arrivée devant Alger, un accident faillit la compromettre, et ce qui n'était dû qu'au hasard n'aurait pas manqué d'être rejeté sur le compte de Renau, par les incrédules et les envieux. Mais cet accident tourna tout entier à la gloire de son courage, loin d'accuser son habileté. Une carcasse qu'il voulait tirer mit le feu à la galiote toute remplie de bombes, et l'équipage, qui voyait déjà brûler les cordages et les voiles, se précipita à la mer. Les autres galiotes et les chaloupes armées crurent que ce bâtiment abandonné allait sauter dans le moment, et se hâtèrent de prendre le large. Cependant un officier voulut s'assurer s'il n'y restait plus personne et si toute espérance était perdue de le sauver. L'épée à la main il força l'équipage de sa chaloupe à gagner ce bâtiment ; il y monta aussitôt, et vit Renau sur le pont, occupé, avec deux autres hommes, à couvrir de cuir plus de quatre-vingts bombes chargées. L'officier fit revenir les chaloupes. On jeta deux cents hommes dans la galiote, et quoiqu'elle fût exposée au feu de trois cents pièces d'artillerie de la ville, qui dirigeaient tous leurs coups sur ce point avec beaucoup de justesse, on réussit à la sauver. Le lendemain, les galiotes se rapprochèrent de terre, et pendant toute la nuit on lança des bombes sur Alger, où quantité d'habitans furent écrasés sous les débris de leurs maisons, tandis que la plupart se pressaient dans une horrible confusion aux portes de la ville, et s'efforçaient en fuyant d'échapper à un genre de mort d'autant plus redouté qu'il était plus nouveau pour ces peuples. Les Algériens envoyèrent demander la paix. Mais, quoique leur ville eût été à moitié réduite en cendres, ils revinrent bientôt de leur première terreur, et l'on prétend même que le dey, apprenant à quelle somme immense s'élevaient les frais de cet armement, dit que Louis XIV n'avait qu'à lui en donner la moitié et qu'il aurait brûlé la ville tout entière. Le gouvernement français jugea aussi que la leçon n'avait pas été assez forte, et décida qu'un second bombardement aurait lieu contre Alger.

On fit construire un plus grand nombre de galiotes, et l'on forma pour elles un nouveau corps d'officiers d'artillerie et de bombardiers. Renau, de son côté, avait inventé d'autres mortiers qui lançaient les bombes beaucoup plus loin et jusqu'à dix-sept cents toises. Bombardée une seconde fois, les 26 et 27 juin 1683, Alger fut écrasée et s'abîma dans les flammes. Les Algériens envoyèrent demander pardon à Louis XIV par ambassadeur; ils subirent en outre un châtiment qui devait les blesser au vif en leur qualité de corsaires, celui de payer une forte contribution, et rendirent tous les esclaves chrétiens, au nombre desquels, deux ou trois ans plus tôt, on aurait reconnu le poëte Regnard. On sait qu'en effet l'auteur du *Joueur* tomba dans les mains de ces pirates en voguant d'Italie vers la France, et que, chose vraiment comique, ce fut son talent pour la cuisine qui lui valut quelque adoucissement à sa captivité.

Parmi les esclaves dont le bombardement d'Alger avait amené la délivrance, se trouvaient quelques Anglais, qui, étant à bord, soutinrent avec fierté que c'était en considération du roi d'Angleterre qu'ils étaient tirés de la servitude. Alors le capitaine du vaisseau français fit appeler les Algériens, et, remettant les Anglais à terre : « Ces gens-ci, dit-il, prétendent n'être délivrés qu'au nom de leur roi ; le mien ne prend pas la liberté de leur offrir sa protection, c'est à vous de montrer ce que vous devez au roi d'Angleterre. » Les Anglais furent remis dans les chaînes ; car tel était le mépris que faisait un ramas de forbans d'une puissante nation tombée sous le sceptre de l'indigne Charles II.

Il est inutile de parler ici du troisième bombardement d'Alger, en 1688, sous les ordres du maréchal d'Estrées, et des expéditions maritimes de la Hollande et de l'Angleterre dans le cours du dix-huitième siècle, pour réprimer l'insolence des corsaires algériens ; mais la tentative qui fut faite par l'Espagne, sous le règne de Charles III, mérite de nous arrêter quelque temps.

Depuis long-temps l'Espagne n'avait pas vu sortir de ses ports une aussi belle armée ; depuis long-temps aucune entreprise n'avait été préparée avec autant de soins et de zèle, et cependant elle eut une issue si honteuse, qu'elle semble avoir été conduite dans tous ses détails par l'incapacité la plus profonde et l'imprévoyance la plus aveugle.

L'armement, commandé par le général Oreilly, était composé de dix-huit mille deux cent soixante hommes d'infanterie, de huit cent vingt cavaliers, de deux cent quarante dragons, de trois mille trois cent quarante marins, formant ensemble vingt deux mille deux cent soixante hommes, élite de l'armée de terre et de mer. Ces troupes étaient portées par une flotte, sous la conduite du contre-amiral Castejon, qui comptait trois cent quarante-quatre bâtimens de transport, escortés par six vaisseaux à deux ponts, quatorze frégates, sept chebecs, sept galiotes, quatre bombardes, quatre houriques et deux paquebots, en tout quarante-quatre bâtimens de guerre.

Le 30 juin 1775 se montra la première division de cette flotte. Cette division comprenait cent quatre-vingts bâtimens de transport, trois vaisseaux, huit frégates et quatre chebecs. Le reste arriva le 1ᵉʳ juillet. Il faisait un temps magnifique. Tous ces vaisseaux, rangés dans le meilleur ordre, étalèrent en arrivant tout ce qu'ils avaient de pavillons, flammes, etc. Le coup d'œil était superbe, mais peu imposant pour les Algériens, à qui certaines nations de l'Europe n'inspiraient qu'un mépris auquel avait encore ajouté l'apparition des Danois en 1770. En effet, ceux-ci perdirent huit jours à promener quelques frégates dans la rade et devant les fortifications de la ville, d'où l'on ne daigna pas seulement leur envoyer un coup de canon.

Les Algériens, ne s'attendant point à la visite des Espagnols, n'étaient point préparés à y faire face ; cependant ils ne furent point effrayés de ce formidable armement. Le dey, homme de bon sens, jugea de la suite par ce qu'il vit, le premier jour, de cette flotte, et ne craignit pas d'avancer que ce ne serait qu'une *espagnolade* : mot que les barbaresques appliquent de prédilection à toute entreprise, dont la fin ne répond ni à la grandeur, ni à la pompe des préparatifs.

Le sixième jour après leur arrivée, les Espagnols, voulant prouver qu'ils étaient venus dans l'intention de se battre, détachèrent le vaisseau *le Saint-Joseph*, pour aller détruire la batterie la plus voisine du lieu où il avait été décidé que s'effectuerait leur débarquement. Ce vaisseau tira quatre heures de suite sans toucher son point de mire; et toutefois les boulets atteignaient bien au delà. Cependant la batterie était si délabrée et si dépourvue de toutes munitions, que ce ne fut que long-temps après les premières volées du vaisseau, qu'on la crut en état d'agir. Mais alors qu'arriva-t-il? Au premier coup la terrasse s'écroula, et canons et artilleurs disparurent en même temps. Le commandeur du *Saint-Joseph*, voyant que la fortune secondait si bien ses efforts, redoubla d'ardeur aussitôt, et tonna pour achever l'ouvrage du temps et de la négligence. Mais les Algériens réparèrent tranquillement leur batterie sous le feu de leur ennemi, qui fut obligé de se retirer vers quatre heures du soir, après avoir beaucoup souffert.

Enfin le 8, à deux heures du matin, les Espagnols prirent le parti de débarquer. Ils le firent sans opposition, entre l'embouchure de la Xarache et le septième des fortins construits dans toute la longueur de la rade. Les Algériens étaient dans la plus complète sécurité, et bien éloignés de soupçonner tant de hardiesse à leurs adversaires; aussi l'étonnement fut-il grand lorsque le soleil, en se levant, leur découvrit dix ou douze mille hommes rangés en bon ordre sur le rivage, à quatre milles de la ville. Il se passa bien du temps avant de savoir ce qu'il y avait à faire, et comment on s'y prendrait pour repousser les assaillans. Les Espagnols pouvaient employer ce temps d'un prix inestimable, à former des retranchemens, et surtout à s'emparer d'une batterie voisine qui leur coûta la partie; ils pouvaient l'employer mieux encore à changer leur position qui avait été choisie avec une maladresse et une ignorance des lieux inconcevables. Mais ils négligèrent les premières précautions dont s'occupe toute armée qui envahit une contrée étrangère.

En s'emparant de la petite batterie que je viens d'indiquer, dans laquelle il n'y avait pas douze hommes pour la défendre, et en établissant leur camp de l'autre côté, ils auraient évité des bruyères qui servirent ensuite de retranchement aux Maures, ils se seraient mis plus à portée de la ville, tandis que le feu des vaisseaux qui les protégeaient, et qui auraient pu s'approcher davantage à cause de la profondeur de la rade dans cet endroit, aurait causé de grands dommages aux assiégés. Le plus simple raisonnement eût fait apercevoir que plus les troupes de l'ennemi, qui campaient sur les bords de la Xarache (c'étaient les meilleures et les plus nombreuses), auraient eu d'espace à parcourir, moins il leur eût été possible d'atteindre les Espagnols; car il fallait passer sur la plage que les vaisseaux et les chaloupes canonnières balayaient dans toute son étendue.

En débarquant, les Espagnols se rangèrent en

bataille, et formèrent deux colonnes, dont les fronts étaient larges et couverts par du canon. L'action commença à cinq heures du matin et dura jusqu'à dix. Le temps était calme et le soleil fort chaud. Rien de plus curieux, disaient les témoins, que de voir les Turcs et les Maures courir comme des énergumènes, sans ordre ni arrangemens. Aucun de ceux qui prirent le chemin de la plage n'arriva jusqu'aux Espagnols; ceux qui passèrent par les jardins s'embusquèrent hors de la portée du mousquet et de tout le feu des ennemis.

A l'arrivée des Maures, qui depuis huit jours seulement étaient campés au bord de la Xarache, sous le commandement du bey de Constantine, les Espagnols changèrent leur ordre de bataille. Une des colonnes se développa par un quart de conversion à gauche, et couvrit, grâce à cette évolution, le flanc et l'arrière de l'autre, qui fut peu à près obligé de faire le même mouvement pour soutenir la première ligne. Dans cet état, et lorsque toute l'artillerie se fut portée à la tête des premières divisions, les Espagnols marchèrent en avant du côté de la montagne. Quelques corps allèrent même jusque dans les jardins et les bruyères pour débusquer les Turcs et les Maures, qui ne cessaient de faire un feu d'enfer. Voilà bien des fautes de suite. Les Espagnols commencèrent à être fortement incommodés du feu de l'ennemi, lorsqu'ils se furent inconsidérément avancés vers le lieu qu'il leur importait le moins de gagner. L'artillerie débarquée suffisait pour les mettre à l'abri du côté de la campagne. Celle des vaisseaux, qui protégeait la descente, tenait libre le chemin qu'il fallait suivre pour aller à la ville, en même temps qu'elle les défendait par derrière. Mais, par une conduite qui déshonorerait le plus novice d'une armée, le général espagnol porta ses troupes sous le feu de l'ennemi en même temps que sous celui des vaisseaux dont il n'avait pas eu soin de se faire précéder.

Le bey de Constantine parut agir avec plus d'habileté et de prudence. Cependant, où l'aurait mené son stratagème du vieux temps, si les Espagnols avaient été assez sages pour ne point masquer le feu de leurs vaisseaux, et avaient envoyé des corps à sa rencontre en le tenant toujours au canon. Ce bey perdit beaucoup de monde et quatre ou cinq cents chameaux ; il aurait tout perdu avant que d'avoir atteint les Espagnols s'ils lui eussent tourné le dos.

Sur les dix heures, le général maure recula en désordre jusqu'aux bords de la Xarache, qu'il avait quittée le matin, et les Espagnols se retirèrent aussi dans leur camp après avoir beaucoup plus souffert du feu de leurs vaisseaux que de celui des ennemis.

Dès ce moment ils n'eurent plus à contenir que quelques détachemens de malheureux fanatiques qu'un saint zèle enhardissait de temps en temps à chercher la couronne du martyre. Avoir succombé en combattant les ennemis de la foi, c'est le titre le plus glorieux et le plus puissant dont puisse s'appuyer un musulman pour franchir les portes du paradis de Mahomet. Combien ne s'en présenta-t-il pas aux Espagnols pendant les cinq heures que dura cette affaire, qui n'avaient d'autres armes que des imprécations contre les infidèles et des bâtons ferrés? Quels ennemis! il eût semblé que l'Espagne était réservée à combattre les êtres les plus ignorans, les plus faibles, les plus dégradés de l'espèce humaine. Ne serait-on pas tenté de croire cette nation elle-même dégénérée, puisqu'elle n'a pu vaincre un peuple aussi facile à soumettre que les Américains au temps de la découverte?

J'ai parlé de cette petite batterie que la négligence du général Oreilly avait laissée de côté le jour de la descente. Vers deux heures après midi, les Turcs s'avisèrent d'abattre une partie du mur qui regardait les Espagnols, et d'y tourner deux pièces de canon qui firent un effet des plus meurtriers. Même alors Oreilly ne pensa pas à détacher une compagnie pour occuper ou détruire une redoute si dangereuse. Les Algériens y entretinrent un feu soutenu jusqu'au lendemain, une heure avant le jour, qu'ils s'aperçurent qu'ils n'avaient plus d'ennemis devant eux.

Les Espagnols, en se rembarquant, abandonnèrent sur le terrain un assez grand nombre de tués et de blessés, quinze canons de bronze, deux obusiers, quantité de chevaux de frise, d'outils, et se dépêchèrent de couper leurs câbles pour mettre à la voile. Du moins Charles-Quint pouvait accuser la rage des élémens du désastre de son armée.

Les Algériens, qui avaient eu la veille près de vingt mille hommes tués ou blessés, ne purent d'abord s'imaginer qu'un ennemi, avec tant de forces, et dont les coups étaient si terribles, se décidât à s'éloigner sans avoir fait des pertes qui parussent sensibles. Ils restèrent étonnés dans leurs postes, attendant l'effet de quelque stratagème; mais leur étonnement redoubla quand ils virent que l'ennemi gagnait le large. Ils s'enhardirent peu à peu, et allèrent enfin jusqu'au camp espagnol. Ils dépouillèrent tous ceux qui furent trouvés morts ou vivans, et leur coupèrent la tête. Beaucoup de blessés, à cause de la foule et de la grande précipitation, n'avaient pu parvenir à se rembarquer. On apporta leurs têtes au dey qui donnait pour chacune cinq séquins algériens. Les cadavres restèrent sur le sable, où ils furent dévorés par les oiseaux de proie et les bêtes féroces.

Les Algériens, comme on l'a déjà dit, n'étaient point préparés à cette expédition des Espagnols, et ce n'était que sur de vagues soupçons qu'ils avaient fait avertir les beys et les Maures de l'intérieur. Un général expérimenté aurait bombardé la ville la nuit même de son arrivée, en même temps que, par ses ordres, seraient descendus près de la porte de *Bebe-Zou*, quelques corps qui n'y auraient point trouvé d'obstacles, et auraient facilement gagné le *Château de l'empereur*. D'autres corps devaient marcher sur l'emplacement des cimetières qui avoisinent cette porte, pour s'emparer des habitans qui auraient fui leurs maisons embrasées, et le lendemain matin le général espagnol eût pu fouler en vainqueur les débris de ce repaire de brigands, dont l'homme le plus sensible n'envisage la destruction que comme un mal nécessaire.

Les huit jours que la flotte passa à se pavaner devant la ville étaient tous bons pour le débarquement, à l'exception peut-être du quatrième et du cinquième, pendant lesquels souffla un vent d'est assez frais.

Les Espagnols envoyèrent quelques bombes dans les jardins, pour essayer sans doute la portée de leurs mortiers; mais ils s'en tinrent là, quoique, de l'endroit d'où elles partaient, elles eussent pu atteindre le plus haut de la ville.

Enfin, malgré toutes les fautes qui ont paralysé cet immense armement, ils auraient encore réussi à se rendre maîtres d'Alger, s'ils avaient pris la résolution de garder six jours seulement la défensive dans leur position primitive, après avoir détruit le fortin qui les inquiétait. Les habitans fuyaient en masse, les Maures étaient rebutés de la première attaque, et la plus grande partie mourait de faim; car ces Maures ne recevaient pas même le pain du gouvernement en combattant pour sa sûreté; de plus, ils étaient obligés, comme les autres soldats, de se fournir d'armes, de munitions et de toutes les choses nécessaires à la guerre.

On peut juger, après l'issue honteuse de cette expédition, si le nom chrétien gagna en estime et en terreur dans l'esprit des Algériens; on peut juger si les barbaresques furent moins audacieux à violer les droits de l'humanité, à renouveler leurs attentats contre la liberté des mers et du commerce. Ils parurent se ralentir dans les premières années de ce siècle, et les réclamations de l'Europe chrétienne furent moins vives; mais on ne doit pas l'attribuer à quelque retour vers une conduite plus conforme au droit des gens de la part des régences de Tripoli, de Tunis, d'Alger et de Maroc; ce changement résulta de l'inaction complète des transactions maritimes, que la plupart des nations de l'Europe se voyait interdites par le blocus continental. La paix générale de 1814, en rouvrant les mers, rouvrit aussi le cours, quelquefois sanglant, des pirateries. Les escadres de Barbarie, plus actives et plus nombreuses, sillonnèrent la Méditerranée sur tous les sens; les malheureux habitans des côtes d'Espagne, d'Italie, de Sardaigne et de Sicile étaient journellement exposés à l'apparition des corsaires, qui pillaient leurs propriétés, et emmenaient dans les bagnes d'Alger ceux qui ne se dérobaient pas par la fuite à cette cruelle destinée. Ces écumeurs de mer poussèrent enfin l'audace jusqu'à insulter le pavillon des gouvernemens les plus redoutés, et semblaient mépriser des puissances qui pouvaient au premier moment anéantir leur repaire.

L'année 1815 vit éclater la guerre entre Alger et les États-Unis. A cette époque régnait Omar-Pacha. Il avait été proclamé dey d'Alger le 7 avril, à la suite d'une révolution qui, dans l'espace de quinze jours, avait coûté la vie à deux de ses prédécesseurs. Omar était aga des troupes avant son élévation. Peu d'hommes ont plus que celui-ci mérité de parvenir au pouvoir suprême chez les nations mahométanes. Il joignait le courage aux talens, et l'on cite même de lui des traits qui feraient honneur à la justice et à l'humanité d'un Européen. De grands et nombreux événemens signalèrent son règne de deux ans et demi, entre les plus célèbres de l'histoire d'Alger. Le commodore américain Decatur, ayant battu dans la Méditerranée une escadre algérienne, dont l'amiral fut tué, se présenta devant Alger avec la résolution d'en bloquer étroitement le port. Omar céda à la nécessité. Après diverses négociations, il conclut, le 3 juillet, un traité de paix avec les États-Unis.

De part et d'autres on rendit tous les bâtimens et les prisonniers ; les Américains furent affranchis de tout tribut, et stipulèrent la permission de venir vendre à Alger, les prises qu'ils feraient en temps de guerre sur les autres nations.

A peine sortis de cette guerre, les Algériens se conduisirent de nouveau comme s'ils avaient envie de provoquer incessamment la colère des puissances chrétiennes, et de prouver qu'il ne pouvait y avoir avec eux ni paix ni trêve. Enfin l'Angleterre songea à obtenir le redressement de tant d'offenses à la justice, à l'humanité, à l'honneur. En avril 1816, lord Exmouth reçut de l'amirauté des instructions pour négocier avec les régences barbaresques la reconnaissance des îles Ioniennes comme possessions anglaises, pour conclure la paix entre ces régences et les royaumes de Sardaigne et de Naples, et les obliger, s'il était possible, de renoncer à l'entière abolition de l'esclavage des chrétiens. Lord Exmouth fit voile pour Alger avec une flotte de cinq vaisseaux de ligne, sept frégates, quatre bâtimens de transport et quelques chaloupes canonnières. Il conclut avec le dey un traité qui comprenait à peu près toutes les conditions qu'il avait ordre d'obtenir. Omar reconnut les îles Ioniennes, promit de délivrer tous les esclaves Sardes et Génois, au prix de cinq cents dollars par tête, et les Napolitains pour mille dollars. Il consentit à ne point faire la guerre au roi de Sardaigne tant que la paix subsisterait entre les Algériens et les Anglais; mais il refusa obstinément d'abolir l'esclavage. Lord Exmouth se rendit ensuite à Tunis et à Tripoli, signa un traité semblable avec les deux beys, et, de plus, leur arracha une déclaration par laquelle ils promettaient de traiter à l'avenir les prisonniers de guerre comme le font entre elles les puissances européennes. Le succès de cette négociation faillit devenir fatal à lord Exmouth. Les janissaires, qui connaissaient l'objet de sa visite, ne pouvaient contenir leur fureur à son aspect. Lorsqu'il traversait les avenues du Pachali, ils manifestaient par d'horribles imprécations et des gestes menaçans combien ils en voulaient à sa vie. L'amiral anglais n'opposa à leur rage qu'un sang froid imperturbable et ce calme qui désarme souvent la colère d'une populace révoltée. Un jour, cependant, les janissaires de Tunis, furieux de ce qu'il obtenait l'abolition de l'esclavage, poussèrent l'emportement jusqu'à diriger leurs sabres sur sa poitrine, et ils l'auraient certainement massacré, sans les représentations modérées de l'un de leurs officiers, à qui cet acte d'humanité aura peut-être coûté la vie. Lord Exmouth revint ensuite à Alger, dans l'espoir que la condescendance des beys de Tunis et de Tripoli déterminerait celle d'Omar-Pacha, relativement à la cessation de l'esclavage; mais le dey persista dans son refus, en alléguant que sa qualité de sujet du grand-seigneur ne lui permettait pas d'accéder, de son autorité privée à une condition de cette nature. Trois mois lui furent accordés pour lever cet obstacle, et l'on mit à sa disposition une frégate anglaise qui devait conduire son ambassadeur à Constantinople. Mais la crainte qu'inspirait l'escadre de lord Exmouth s'évanouit à son départ. Les pirates recommencèrent à infester les mers. Le consul britannique à Alger fut jeté dans une prison, et les Turcs s'emportèrent à mille outrages envers le commandant d'un vaisseau de guerre anglais qui se trouvait dans la baie. Ces premières violences en annonçaient de plus affreuses encore, qui ne tardèrent pas à éclater. Des atrocités furent commises à Oran; enfin, vers le 20 mai, les Algériens, sans aucune provocation, massacrèrent de pauvres pêcheurs de corail, français, anglais, espagnols et italiens, au nombre de plus de deux cents, qu'ils surprirent dans une église de Bona, pendant la célébration de l'office divin. Cet effroyable attentat combla le vase d'iniquité ; un cri d'indignation retentit dans l'Europe entière, et le cabinet de Saint-James reconnut l'obligation indispensable de tirer une éclatante vengeance d'une race sanguinaire et parjure qu'on lui reprochait, non sans raison, d'avoir trop long-temps ménagée.

Une expédition menaçante fut préparée, et lorsque l'on crut n'avoir plus rien négligé pour le succès, lord Exmouth reçut l'ordre de se diriger vers Alger. Le 26 août 1816, il se présenta en vue de cette ville, après avoir accepté la proposition du vice-amiral hollandais Van der Capellen, de se joindre à lui avec six frégates. L'escadre combinée était forte de trente-deux voiles; on y comptait douze vaisseaux de ligne, parmi lesquels *la reine Charlotte*, de cent dix canons; plusieurs frégates et corvettes, entre autres *le Belzébuth*, chargé de fusées à la Congrève, que S. S. surnomma *le premier ministre du diable;* cinq chaloupes canonnières et un brûlot. Le lendemain, lord Exmouth envoya un parlementaire avec une dépêche, dans laquelle il proposait au dey : 1° de délivrer immédiatement les esclaves chrétiens sans rançon; 2° de restituer tout l'argent qu'il avait reçu pour le rachat des captifs sardes et napolitains; 3° de déclarer solennellement qu'à l'avenir il respecterait les droits de l'humanité, et traiterait tous les prisonniers de guerre d'après les usages suivis par les nations européennes; 4° de faire la paix avec les Pays-Bas, aux mêmes conditions qu'avec l'Angleterre. Omar ne répondit à ces propositions que par l'ordre de tirer sur la flotte anglaise. Il faut convenir que les préparatifs de défense qu'il avait fait faire avec intelligence et activité, auraient inspiré de la hardiesse à un homme moins résolu. Les fortifications avaient été réparées, de nouvelles batteries construites, et par ses soins trente mille Maures et Arabes étaient venus renforcer la milice turque avant l'apparition de l'escadre anglaise. Omar, pendant toute la durée du bombardement, ne démentit ni son courage, ni son énergie; et peut-être un tout autre succès aurait-il couronné ses efforts, si, méprisant les menaces des habitans, il eût différé de vingt-quatre heures d'entrer en négociation.

Lord Exmouth fit embosser ses vaisseaux à demi-portée de canon, sous le feu des batteries du port et de la rade. Lui-même se plaça à l'entrée du port, tellement près des quais, que son beaupré touchait les maisons, et que ses batteries, prenant à revers toutes celles du môle, foudroyaient les canonnières d'Alger qui restaient à découvert. Cette manœuvre, aussi habile qu'audacieuse, et que favorisait l'absence d'un fort dont elle a fait sentir depuis la nécessité aux Algériens, obtint le plus décisif et le plus prompt succès. Ceux-ci, pleins de confiance dans leurs batteries casematées et dans la valeur des équipages de leurs navires qui avaient reçu ordre d'aborder les vaisseaux anglais, se croyaient si bien à l'abri d'une attaque de ce genre, qu'une innombrable populace couvrait toute la partie du port appelée la Marine, afin de contempler avec plus de facilité la défaite des chrétiens. L'amiral anglais, éprouvant quelque répugnance à foudroyer cette multitude ignorante et insensée, lui fit de son bord signe de se retirer;

mais il ne fut point compris, ou les Maures s'obstinèrent dans leur imprudence, car ils restèrent à la même place, et ce ne fut qu'après avoir vu l'effroyable ravage produit par les premières bordées, qu'ils se dispersèrent en poussant d'épouvantables clameurs.

Cependant les troupes du dey ne partagèrent point cette lâche terreur, et déployèrent au contraire la résistance la plus furieuse et la plus opiniâtre. Pris en flanc par l'artillerie des vaisseaux anglais, ils tombaient écrasés, mutilés ou broyés horriblement; mais à peine une rangée de canonniers avait-elle été balayée qu'une autre lui succédait d'un front calme, et ne cessait de diriger contre l'ennemi les pièces en batterie du port, dont plusieurs étaient de soixante livres de balle. Le combat se soutenait depuis six heures avec un acharnement incroyable; les détonations multipliées de plus de mille bouches à feu, l'éruption des bombes qui éclataient avec un bruit effrayant, le terrible sifflement des fusées à la Congrève, faisaient du port d'Alger, en ce moment, un théâtre d'horreur et d'épouvante. Toutefois, la rage des Africains semblait s'accroître encore à la vue de cet effroyable spectacle, et rien n'annonçait qu'ils fussent près d'abandonner la victoire. A la fin, deux officiers anglais demandèrent la permission d'aller attacher une chemise soufrée à la première frégate algérienne qui barrait l'entrée du port, cette détermination fut suivie d'un succès complet. Un vent d'ouest assez frais mit bientôt le feu à toute l'escadre barbaresque : cinq frégates, quatre corvettes et trente chaloupes canonnières devinrent la proie des flammes. Pendant ce temps, le bey ne cessait de parcourir les postes et d'exciter ses soldats. De son côté, lord Exmouth ne déployait un courage ni moins tranquille ni moins actif. Il courut les plus grands dangers. Au fort de l'action, il causait paisiblement avec le capitaine Brisbane, sous le feu le plus meurtrier : c'est alors que celui-ci fut atteint d'une balle morte qui le renversa sur le pont. L'amiral, sans s'effrayer, appelle aussitôt le premier lieutenant, et s'écrie : « Pauvre Brisbane ! c'en est fait de lui ; prenez le commandement. » — « Pas encore, milord, pas encore, » répondit froidement Brisbane en levant la tête. Un moment après il était sur ses pieds et avait repris le commandement, comme si rien ne lui fût arrivé. Au même instant, lord Exmouth reçut deux blessures ; l'une au visage et l'autre à la jambe. Son vaisseau servit sans interruption pendant cinq heures, du tribord sur la tête du môle, et du bâbord sur la flotte algérienne. Le bâtiment était jonché de morts, lorsque, vers neuf heures et demie du soir, une frégate embrasée et poussée sur lui par les vents, le força de couper ses câbles pour n'être point incendié. Une demi-heure après, lord Exmouth, ayant achevé la destruction du môle, se retira dans la rade.

La marine des Algériens, leurs arsenaux, la moitié de leurs batteries, étaient détruits ; et des rapports ultérieurs ont porté à six mille le nombre de leurs hommes tués. Les bombes avaient fait en outre des dégâts considérables dans la ville. L'escadre combinée, quoique victorieuse, ne laissait pas d'avoir souffert aussi des avaries très-fortes, et de compter neuf cents hommes tant tués que blessés.

Le lendemain, 28 août, lord Exmouth entra en vainqueur dans le port d'Alger. Il écrivit au dey une dépêche ainsi conçue : « Pour prix de vos atrocités à Bona contre des chrétiens sans défense, et de votre mépris insultant pour les propositions que je vous ai adressées au nom du prince régent d'Angleterre, la flotte sous mes ordres vous a infligé un châtiment signalé..... Je vous préviens que je recommencerai dans deux heures, si d'ici là vous n'acceptez les conditions que vous avez refusées hier. » Omar, qui s'était signalé par une constance et une activité à toute épreuve, pouvait encore ne pas se croire vaincu, et engager un nouveau combat que la flotte anglaise eût soutenu avec moins d'opiniâtreté que la veille ; mais les habitans épouvantés le forcèrent d'accéder aux propositions de lord Exmouth.

Un memorandum de l'amiral, mis à l'ordre de

la flotte anglaise, trois jours après l'action, annonce les principaux résultats de la victoire :

« *Reine-Charlotte*, baie d'Alger, 31 août 1816.

» Le commandant en chef est heureux d'informer la flotte que sa vaillante attaque a eu pour conclusion la signature d'une paix confirmée par un salut de vingt et un coups de canon, aux conditions suivantes, dictées par son altesse royale le prince régent d'Angleterre :

» ART. I. L'abolition perpétuelle de l'esclavage des chrétiens.

» II. Délivrance demain à midi, à mon pavillon, de tous les esclaves actuellement dans la possession du dey, à quelque nation qu'ils puissent appartenir.

» III. Remise encore demain à midi, à mon pavillon, de tout l'argent reçu par le dey pour la rançon des captifs, depuis le commencement de cette année.

» IV. Une réparation a été faite au consul anglais, pour toutes les pertes que lui a causées son emprisonnement.

» V. Le dey a fait des excuses en présence de ses ministres et de ses officiers, et demandé pardon au consul en des termes dictés par le capitaine de la *Reine-Charlotte*.

» Le commandant en chef profite de cette occasion pour adresser ses remerciemens aux amiraux, capitaines, officiers, gens de mer, soldats de la marine, artilleurs de la marine royale, ainsi qu'aux sapeurs et mineurs royaux, et au corps royal des fusées, pour le noble appui qu'il en a reçu pendant tout le temps de ce pénible service ; et il a décidé que dimanche des actions de grâces publiques seraient offertes au Dieu tout-puissant, pour l'intervention signalée de sa divine Providence, dans le combat qui a eu lieu le 27, entre la flotte de sa majesté et les féroces ennemis du genre humain. »

Le royaume des Pays-Bas, en raison de la part que l'escadre hollandaise avait prise à l'expédition, participait à ce traité avec la Grande-Bretagne. Le dey remplit toutes ces conditions : les esclaves qui se trouvaient à Alger et dans les environs furent remis à l'amiral anglais, qui reçut, en outre, trois cent cinquante-sept mille piastres pour le roi de Naples et vingt-cinq mille cinq cents pour le roi de Sardaigne.

Aucune expédition assurément, sans même en excepter celle qui fut faite sous Louis XIV, ne causa autant de dommages aux Algériens que ce dernier bombardement; aucune n'a dû donner de plus fermes espérances qu'ils mettraient enfin un terme à leurs brigandages maritimes. Toutefois ces espérances ne se sont nullement réalisées. Sous un chef aussi plein de sens, de prévoyance et de caractère qu'Omar-Pacha, les fortifications d'Alger n'ont point tardé à se relever et sa marine à renaître de ses cendres. Six mois après, elle comptait onze corsaires dont un de quarante-quatre canons. La Méditerranée fut encore une fois en proie à leurs pirateries. Ils s'emparèrent de plusieurs navires de diverses nations, et firent esclaves les équipages en les traitant comme par le passé, sauf qu'on ne les mit pas à la chaîne. Ainsi donc tout traité est inutile avec les Algériens.

On ne reprochera point ici au gouvernement anglais d'avoir négligé de demander des garanties pour l'exécution des conditions imposées au dey d'Alger; on ne lui reprochera point non plus comme une faute d'imprévoyance et d'impolitique de n'avoir pas consommé la destruction de ce nid de forbans, parce qu'on est persuadé que ce que ce gouvernement machiavélique ne fait pas, il ne veut pas le faire; parce qu'on est persuadé que ce même gouvernement, par un calcul dont une trop longue expérience de sa perfidie et de son égoïsme n'autorise que trop à l'accuser, ne voit pas, quand il n'a point à s'en plaindre, d'un œil de haine et de colère, un repaire de pirates qui peuvent servir des vues infâmes en harcelant le commerce des différens états de l'Europe. Mais dans le mépris qu'ont fait les Algériens d'un traité qu'un châtiment aussi sévère devait les engager à respecter scrupuleusement, tous les souverains de l'Europe doivent lire une obligation d'anéantir complétement une société de barbares organisée pour le pillage, pour la violation flagrante et continuelle des droits de l'humanité, comme d'autres sont organisées pour développer, à l'ombre de la paix et de l'ordre, leur industrie et leur génie. Il est superflu de s'arrêter à démontrer que la condition de ne plus réduire les prisonniers en esclavage est vaine et oiseuse, quand cette condition menace d'entraîner la mort des malheureux que le sort de la guerre fera tomber dans les mains d'un peuple sans foi et sans aucun sentiment de générosité. La justesse de cette réflexion reçoit une grande force d'un événement dont, il y a quelques années, tous les papiers publics ont retenti. L'un des plus insignes pirates algériens arma un corsaire pour explorer la Méditerranée. Il rencontra dans ses courses un bâtiment français, qui venait du Levant avec une riche cargaison de soie et d'autres denrées précieuses. Le pirate, malgré les ordres formels que son maître lui avait donnés de respecter le pavillon de France, se laissa entraîner sans effort à son infâme cupidité, fondit sur le navire marchand dont il s'empara, et reprit ensuite la route d'Alger. Près de rentrer au port, il se rappela les ordres qu'il avait reçus : un seul moyen lui restait de cacher son crime, un seul, c'était d'étouffer toutes les voix qui pouvaient l'accuser, et bientôt sa résolution fut prise. La meilleure partie du chargement passa sur le corsaire ; tous les hommes de l'équipage capturé eurent la tête tranchée ; le bâtiment, en coulant à fond, engloutit ces cadavres accusateurs, et nul cri ne serait sorti de l'abîme pour dénoncer ce forfait épouvantable ; mais la justice suprême réservait un dénonciateur du pirate parmi ses complices. Maintenant supposons qu'il s'agisse de prisonniers de guerre, qu'on ait le droit légitime de les détenir, croit-on sérieusement que les Algériens nourriront des chrétiens à ne rien faire ? Ils préféreront cent fois les égorger, s'ils ne peuvent les soumettre aux travaux d'un esclave.

Ainsi donc Alger, du moins son barbare gouvernement, doit être détruit ; *delenda Carthago !* Il y va et de l'honneur et de la sûreté de l'Europe Il est des individus dont on ne refrène les projets subversifs de tout ordre et de toute sécurité, qu'en les retranchant du corps social ; il est également des nations dont on ne peut obtenir qu'elles respectent le droit des gens, qu'en les retranchant de la grande famille des peuples du globe ; et au nombre de ces nations il faut signaler en première ligne les régences de Barbarie.

ALGER:
DESCRIPTION DE LA VILLE,

DES FORTIFICATIONS, DU COMMERCE, DES MOEURS,
ET DES FORCES MARITIMES.

~~~~~~~~~~~~~~~~~~~~~~~~~~~~~~~~~~~~

CHAPITRE PREMIER.

ROYAUME D'ALGER.

Situation géographique. — Étendue et limites du territoire. — Coup d'œil historique. — Les Romains. — Masinsais. — Syphax. — Juba. — César. — Les Vandales. — Bélisaire. — Les Sarrasins. — Barberousse. — État actuel de la contrée. — Langues que l'on y parle. — Population. — Division du territoire en six provinces.

Le royaume d'Alger, l'un des plus grands de la Barbarie, s'étend de 7° 50′ de longitude E., à 4° 30′ de longitude O.; ce qui fait 215 lieues de l'E. à l'O. : sa largeur moyenne du N. au

S., est d'environ 180 lieues. Il a pour bornes au N. la Méditerranée, à l'O. l'empire de Maroc, à l'E. les royaumes de Tunis et de Tripoli, et au S. les déserts de Sahara. Le territoire d'Alger comprend principalement la Numidie et une partie de la Mauritanie des anciens. Il fut jadis gouverné par des princes indigènes qui parurent tout-à-coup avec éclat sur la scène du monde, lorsque les Romains portèrent leurs armes dans cette partie de l'Afrique. Les noms de Masinissa, de Syphax, de Jugurtha, nous sont devenus familiers à l'égal de ceux des Scipion, des Annibal, et des Marius. Les victoires que le premier remporta sur les Romains, ses défaites, ses alliances avec eux, sa rivalité avec Syphax, dont on a cru retrouver le tombeau à Médaschem, ses amours avec Sophonisbe, l'ont mis au rang des personnages les plus célèbres de l'histoire. Les Romains, reconnaissans de l'appui qu'il leur avait donné contre Carthage, firent de Masinissa le prince le plus puissant de l'Afrique. Il fut dès lors appelé roi de Numidie, titre que ses successeurs ont également porté; il profita des loisirs de la paix pour étendre la civilisation dans ses états, et laissa après lui une armée disciplinée, nombreuse, et d'immenses richesses.

La présence de César en Afrique porta le coup fatal à l'indépendance de la Numidie. Il était venu dans ce pays, quelque temps après la bataille de Pharsale, pour abattre les derniers débris du parti de Pompée. Juba, instruit de la position difficile où se trouvaient les troupes du général romain, qui avaient beaucoup souffert de la disette, marcha à sa rencontre dans l'espoir de l'écraser; mais César avait su lui susciter des ennemis qui le rappelèrent bientôt dans ses propres états. Juba revint ensuite rejoindre Scipion avec des forces nombreuses. Vaincu à Thapse par César, il voulut se réfugier dans Zama, dont les habitans lui fermèrent les portes; et, se voyant privé de toutes ressources, il se fit donner la mort par un de ses esclaves. César réduisit le royaume de Juba en province; et l'historien Salluste en devint le premier gouverneur.

Après la destruction de l'empire romain, les Vandales s'emparèrent de la Numidie, en 428, et y exercèrent les plus épouvantables ravages. Ce pays, singulièrement favorisé de la nature, formait, sous l'administration de ses premiers conquérans, l'une des plus délicieuses contrées de la terre. L'invasion des Vandales ne permit bientôt plus de la reconnaître. Beaucoup des plus riches et des plus populeuses cités furent si complétement ruinées, qu'on n'en vit plus aucun vestige dans les lieux où elles existaient. Les vignes furent arrachées, les arbres coupés, et les maisons rasées. Enfin, autant cette partie de l'Afrique avait étonné les yeux par ses richesses et sa prospérité, autant elle les contristait maintenant par son effroyable aspect. Justinien, ayant résolu de reconquérir les plus belles provinces de l'empire, envoya Bélisaire en Afrique avec une puissante armée. Ce général triompha des Vandales, et l'Afrique rentra sous la domination de ses anciens maîtres; elle y demeura jusqu'au moment où les Sarrasins l'envahirent, et fut alors gouvernée par les successeurs des califes. Dans le seizième siècle, les Algériens, attaqués par les Espagnols, appelèrent à leur secours le fameux corsaire Barberousse. Celui-ci les délivra de leurs ennemis, et se récompensa lui-même de sa valeur en usurpant la souveraineté du pays. C'est depuis ce temps qu'Alger est devenu un repaire de pirates, et le fléau des peuples de l'Europe chrétienne qui naviguent dans la Méditerranée.

Les restes de ces Numides, qui repoussèrent long-temps avec tant d'intrépidité les fers que Rome ██ envoyait, sont aujourd'hui les plus faibles et les plus lâches des hommes. Ils ont courbé la tête sous le joug accablant des Turcs, et le portent sans même oser se plaindre de l'abus cruel que ces tyrans font journellement de leur pouvoir. Rongés de misère, chargés de maux, mourant de faim sur la terre la plus heureuse et la plus féconde, ils dédaignent d'exploiter les trésors que la nature a mis à leur portée. Cette terre, qui produirait sans mesure, si des mains actives la cultivaient, est abandonnée par ses propres habitans, languit, et n'offre à la vue qu'une effrayante aridité. Tout se ressent ici de cet abandon. Le Maure, qui ne veut, qui n'ose peut-être travailler pour se nourrir, néglige tout objet de commodité et d'aisance. Il est mal vêtu, mal logé, et ne connaît ni les arts de première nécessité, ni les sciences qui sont si utiles à l'homme pour sa propre conservation, et en font véritablement le roi de la création. Enfin, les Maures d'Alger ignorent l'histoire de leur pays, celle de leurs aïeux, le nom même des villes qu'ils habitent, et ne connaissent, pour ainsi dire, que les déserts que l'ignorance et la barbarie étendent chaque jour autour d'eux.

Un dialecte de la langue arabe, très-dur et très-désagréable, est généralement usité dans ce pays. Les Turcs sont obligés de l'apprendre pour traiter avec les Maures, ou les commander, ainsi que les Couloglis et les Juifs, et pour pouvoir se faire entendre de leurs femmes. On parle aussi un autre langage, appelé *petit mauresque* : c'est un mélange d'espagnol, d'italien, de provençal, qui sert dans les transactions avec les nations européennes. Le dey est le seul qui affecte de toujours parler turc, par étiquette, et aussi pour se livrer plus librement à toute la grossièreté de ses manières, lorsqu'il donne audience à quelques officiers ou consuls étrangers. L'interprète qui traduit n'oublie pas de mitiger les duretés de son maître, afin de moins choquer ceux à qui il s'adresse, et d'éviter la colère de ce barbare, qui ne manquerait pas de punir cette malheureuse victime des fautes dont il se rendrait lui-même coupable.

Comme il est difficile de faire le dénombrement des différentes nations qui habitent ce royaume, parce les Turcs ne tiennent point de registres à cet égard, on doit s'en rapporter aux approximations qui ont pour elles la plus grande probabilité. C'est d'après celles qui m'ont paru les plus raisonnables que j'estime la population du royaume d'Alger à 2,714,000 âmes, dont 2,500,000 Maures, 150,000 Couloglis, 14,000 Turcs, et 50,000 Juifs. Il semble étonnant qu'il n'y ait pas une plus grande quantité d'habitans sur une terre aussi étendue et aussi productive, avec une religion qui seconde la fécondité des femmes, et sous un climat qui, développant avec énergie toutes les facultés créatrices, devrait concourir à la multiplication de l'espèce, comme à sa beauté et à sa perfection. Mais il ne faut pas oublier les vices infâmes auxquels les Maures sont adonnés, et qui souillent même les cavernes les plus sombres, les montagnes les plus inaccessibles, où la tyrannie a forcé les hommes à se retirer. Ensuite, qu'on songe que les maladies sont aussi communes dans ce pays que partout ailleurs; qu'il ne s'y trouve de remèdes que ceux que la nature fournit; que les médecins sont des devins qui, comme chez les sauvages, ne doivent leur crédit qu'à l'ignorance et à la simplicité de leurs malades; que l'on réfléchisse à l'état des femmes, aux tourmens qui les accablent journellement et qui les empêchent souvent de porter leur fruit à terme, ou ne leur permettent de donner l'existence qu'à des enfans mal constitués, et l'on s'étonnera moins que cette contrée ne soit pas plus peuplée. Il est très-ordinaire de voir un Maure avec trois ou quatre femmes; mais il est très-rare de voir un père de famille avec six enfans.

Le royaume d'Alger est divisé en six provinces: Alger, Constantine, Mascara, Titerie, le pays de Zab et celui des Berbers. Chacune de ces provinces est gouvernée par un bey, à la nomination du dey. Constantine, à l'est d'Alger, autrefois Cirta, capitale du Masinissa, est une grande ville bien peuplée de Turcs, de Maures et de Juifs; elle est fortifiée à la turque, c'est-à-dire d'une manière ridicule, sans art et même sans jugement. Mascara a été bâtie, à l'ouest, par les Algériens, depuis 1732, époque où le comte de Mortemar les chassa d'Oran : c'est une petite ville ceinte d'une muraille de briques, isolée sur une colline de peu d'élévation; elle n'a, pour toute défense, que deux petits bastions irréguliers munis de quelques vieilles pièces de canon; son nom de Mascara lui vient du mot turc qui signifie *berner;* elle est commandée par des hauteurs qui l'environnent, de telle sorte qu'on ne l'aperçoit qu'en y entrant. Cette ville avait pour les Algériens une importance qui résultait de ce qu'elle n'est située qu'à neuf lieues des frontières, à dix de la mer, et à portée de recevoir les déserteurs qui sortaient d'Oran, lorsque cette ville appartenait aux Espagnols. Titerie n'est entourée que d'une simple muraille qui suffit à mettre ses habitans à l'abri des bêtes féroces, les seuls ennemis qu'ils aient à craindre. Alger, la capitale de tout le royaume, en est aussi la ville la plus grande, la plus commerçante, la plus riche, et demande, à ces divers titres, que je m'en occupe avec une étendue et des détails proportionnés à son importance.

CHAPITRE II.

ALGER.

Arrivée à Alger. — Belle vue. — Origine de cette ville. — Inscriptions trouvées près d'Alger. — Intérieur de la ville. Fortifications. — Portes. — *Hazena*, ou trésor de l'état. — Palais du dey. — Mosquées. — Casernes. — Rues. — Maisons. — Monnaies. — État des sciences et de l'instruction. — Marchands et fabricans. — Fortifications et châteaux qui défendent la ville. — Batteries de la côte. — Le port. — Rade d'Alger. — Population.

Lorsque le vaisseau qui me portait parut en face d'Alger, je fus frappé du spectacle qu'offre cette ville, dont les maisons blanchies s'élèvent en amphithéâtre au fond d'une baie demi-circulaire. Les hauteurs environnantes, sur lesquelles la ville est étagée, et qui paraissent en beaucoup d'endroits se rattacher aux maisons, les nombreux vergers plantés de vignes, d'oliviers et d'orangers, dont elle est entourée, forment un tableau qui, vu de la mer, ne manque ni d'agrément ni même de majesté. Je restai quelque temps sur le pont en admiration. Enfin, je descendis à terre; j'entrai dans la ville, et l'illusion dont j'avais joui se dissipa bientôt tout entière en traversant des rues étroites et sombres, sales et tortueuses, où l'on respire difficilement et dans la plupart desquelles deux personnes auraient peine à marcher de front.

Point de monumens pour attester l'ancienneté de la ville d'Alger, modèle de toutes celles de ce royaume. Pour savoir qu'elle a fait partie du plus grand et du plus puissant empire du monde, il faut fouiller dans des masures et recueillir avec soin les faibles restes échappés à l'action dévorante du temps et au glaive destructeur des barbares qui ont tour à tour dévasté cette contrée.

On dit que les Romains nommèrent cette capitale du roi Juba, *Ruscurium*; on dit aussi qu'Auguste la nomma *Julia Cæsarea*; le docteur Shaw, qui a examiné les antiquités de ce pays avec un zèle et une patience infatigables, prétend retrouver dans Alger l'ancienne *Icosium*; mais cette ville, que les Turcs et les Maures appellent *Al-Jelzirs Alguzie*, Alger la guerrière, est aujourd'hui généralement regardée comme le *Iomnium* de l'antiquité. Quoique toutes recherches de cette nature soient étrangères au sujet que je vais traiter, je dois à la vérité, ainsi qu'aux personnes curieuses de voir jusqu'à quel point les voyageurs et même les historiens frappent juste dans leurs conjectures, quand ils veulent pénétrer les profondeurs de l'antiquité, de rapporter ici trois inscriptions découvertes pendant mon séjour à Alger.

La première, telle que nous la représente la planche jointe à cette page, a été apportée de Matifoux ou Tamend Foust, qui n'est qu'à trois lieues d'Alger, et démontre fort bien que dans l'endroit où se rencontrent ces débris, était placée l'ancienne colonie romaine, nommée *Rusgunia*, laquelle, selon l'Itinéraire d'Antonin, se trouvait à quinze mille pas d'Icosium, à quarante-sept mille de *Casa Calventi*, à soixante-deux mille de *Tipaza*, et soixante-dix-huit mille de *Cæsarea*, en suivant les grandes routes tracées par les Romains à l'ouest de *Rusgunia*.

Voici la seconde inscription :

Licinio Q. Flich.—Vir donato dec. patriæ Rusguniensum tum ad causas fiscales tuendas in provinciam Ba-

Q · VAESTORI · IRIBVI ·
LEBI · LEGATO · ALFIDI · SABINI
PROCOS · SICILIAE · PRAETORIO ·
LEGATO · VE · LEPIDI · PROCOS · ASIAE
PATRONO ꞏ RVSGVNIENSES

licam beneficio studiorum primâ ætate juventutis electo, deque pro meritis actibus ad defensionem populi aurea Saturni in sacrum urbem promoto, Valeria Victorina P. R.

Si cette inscription présente quelques difficultés dans l'explication, elles ne doivent être attribuées qu'à celui qui l'a copiée, de même qu'à l'impossibilité de voir la pierre sur laquelle elle est gravée, et qui a été employée dans une fontaine d'Alger.

La troisième inscription était ainsi conçue :

De sancto ligno crucis Christi Salvatoris adlato atq. hìc sito Flavius N. WL. ex præpositis equitum armigerorum, minor filius Saturnini viri perfectissimi, ex comitibus et Colletz. honestissimâ fæmine prime pose curita comq. Basilicam voto promissam adq. oblatam cum conjuge Nonicâ ac suis omnibus dedicavit.

Alger a la figure d'un carré long. Cette ville est ceinte d'une forte muraille de briques, haute de 40 pieds environ et flanquée de redans garnis de canons. Elle compte quatre portes et une poterne. Trois de ces portes conduisent dans les terres et la quatrième au port. Au-dessus de chacune, on voit des pièces de canon dans des espèces d'ouvrages qui ressemblent à peu près à des courtines. Celle de ces portes qui s'ouvre à l'ouest, se nomme *Bebe Luette*.

Bebe, en arabe du pays, veut dire, porte; *Luette*, signifie ruisseau; celle de l'est, se nomme *Bébe-Zou*: *Zou* est le nom du constructeur; celle du sud, s'appelle *Porta Nova*, et la quatrième, *Bebe Zera*: ce mot signifie marine.

Près de la porte Neuve, on a placé une assez grande quantité de canons sur les terrasses d'une grande maison appelée *Alcassaubach*, laquelle servait autrefois d'habitation aux deys et, avant eux aux pachas qui gouvernaient ce royaume au nom du grand-seigneur. On conserve dans cette maison les richesses de l'état: c'est la grande *hazena* devant laquelle est établie une garde aussi nombreuse que celle du dey, qui jouit des mêmes prérogatives et fait le même service.

La *Casa de rei*, le palais du roi, se trouve à peu près au milieu de la plus grande longueur de la ville, mais plus près de la mer que l'*Alcassaubach*, qui est vis-à-vis et au plus haut d'Alger. Elle n'est différente de toutes les maisons des particuliers, que parce qu'on y entre de plain-pied, qu'elle est ornée d'une grande porte, et qu'en face de cette porte s'étend une place d'environ quatre-vingts pas de circonférence, la seule, au reste, que possède Alger. Au centre de cette place s'élève une fontaine de marbre blanc assez jolie. Les murs intérieurs du palais sont garnis de toutes sortes d'armes, telles que fusils, hallebardes, haches d'armes, masses, sabres, etc. Des pendules en grande quantité, des montres, des miroirs forment les principales décorations des chambres et des salles d'audience. Le trône du dey est formé de pierres et de marbre que recouvrent des tapis sur lesquels on jette une peau de lion, quand ce prince veut y monter. Un pavillon et un fanal sur la terrasse de la façade, voilà tout ce qui annonce au dehors la magnificence et la grandeur de cette demeure souveraine.

Alger renferme dix grandes mosquées et cinquante petites; la plus belle est celle que l'on a commencée en 1790; elle a 60 pieds de haut sur 40 de large, forme trois étages, que soutiennent des colonnes de marbre blanc apportées de Gènes. Les autres mosquées sont fort simples et semblables aux plus mesquines du Levant. Les minarets ont une forme quadrangulaire et presque la grosseur de nos clochers, tandis qu'en Turquie ils sont ronds ou octangulaires, fort déliés, très-hauts et ornés de jolies galeries qui manquent à ceux d'Alger. Une espèce de terrasse qui les couronne sert d'emplacement au muezzin pour appeler les fidèles à la prière.

Je ne dois pas oublier parmi les édifices les plus remarquables, cinq *cazeries* ou casernes, dans lesquelles règne un grand air de propreté, ayant une cour et une jolie fontaine dans le milieu, et qui peuvent contenir chacune environ deux mille hommes.

J'ai déjà dit combien les rues de cette ville sont désagréables ; il en est un grand nombre où le soleil ne pénètre que rarement ou jamais ; ce qui leur conserve en été un fraîcheur dont on doit apprécier l'avantage sous ce climat. La plus grande a 1,200 pas de long sur 12 de large ; c'est là que sont situés les maisons des riches, les magasins des principaux négocians et les marchés de comestibles. Les maisons sont toutes construites sur le même modèle : c'est une tour carrée autour de laquelle sont bâtis des appartemens qui ont la longueur de chacune des faces, sont étroits et sans aucunes distributions commodes. Elles sont élevées de deux étages, et terminées par des toits en plateforme, qui servent de jardins et de promenades. On a soin de blanchir tous les ans l'extérieur de ces maisons ainsi que les mosquées et autres édifices publics ; il en résulte une monotonie qui devient d'une fatigue insupportable pour les yeux. Aucune des fenêtres des maisons ne donne sur la rue; elles sont percées du côté des galeries et ne prennent de jour que celui qui pénètre dans la cour.

L'hôtel des monnaies est un galetas du palais du dey. Il est dirigé par des Juifs, qui seuls y sont occupés. Les monnaies qui ont cours dans le pays sont, 1°. les *sequins*, dits algériens, fabriqués dans cet hôtel, et qui sont divisés en demi et quart; 2°. les *sequins sermabouts*, monnaie du grand-seigneur, et qui se divisent en demi; 3°. la piastre d'Espagne. On frappe encore dans le pays des pièces d'argent appelées *doubles gourdes*, ou pièces de six *mesonnes*, et d'autres de trois *mesonnes*. La mesonne, qui équivaut à peu près à six ou sept sous, se divise en vingt-neuf *aspres*. L'aspre est une petite pièce carrée, sans aucun titre, dont il faut un nombre considérable pour le moindre paiement. Pour faciliter les comptes, on verse les aspres dans une balance, et encore cette opération est-elle extrêmement ennuyeuse. Quelquefois les Maures, avec une persévérance qu'on ne trouve que chez eux, mettent quatre heures à compter et à recompter une somme qui n'excède pas dix sous de notre monnaie. Les Maures ont, en outre, la *pataca-*

chica, monnaie idéale, qui revient à deux cents aspres.

On ne doit point s'attendre à trouver dans ce royaume les sciences ou les arts dans un état bien prospère. On enseigne, dans les écoles publiques, à lire et à écrire l'arabe du pays. Quand un enfant est parvenu à lire et à répéter cinquante ou soixante aphorismes du Coran, son éducation est finie, et on le cite comme un prodige d'instruction. On ne connaît point l'imprimerie en Barbarie, et il ne s'y trouve aucune ressource intellectuelle. Un certain jésuite dit cependant avoir vu une bibliothéque à Alger ; c'était sans doute lorsque cette ville possédait de superbes palais ; mais que ce temps est éloigné de nous !

Alger renferme des marchands de toute espèce, qui fabriquent et vendent presque tous les objets à l'usage des Turcs et des Maures. Les brodeurs, orfèvres et bijoutiers s'y rencontrent en grand nombre. Deux petits faubourgs, dont l'un est à la porte de *Bebe Luette*, et l'autre à celle de *Bebe Zou*, sont remplis de tailleurs de pierres ou sculpteurs du pays, de taillandiers, serruriers et maréchaux. Il faut bien se garder de prendre une haute idée des ouvrages que les Maures fabriquent. Les choses les plus simples sont sans goût, sans art, sans solidité ; une grossière représentation est tout ce que peuvent produire les artisans qui tiennent même, pour la plupart, toutes leurs connaissances des esclaves européens.

Les environs d'Alger, jusqu'à trois lieues, sont décorés de maisons de campagne et de jardins. Puisque quelques voyageurs ont pris la peine d'en évaluer le nombre, et de le porter à 20,000, je puis imiter en cela leur exemple; mais, pour être plus vrai, je crois qu'il n'en faut pas compter plus de dix à douze mille. Tout est en confusion dans la plupart de ces jardins, qui ne sont fermés que par des haies de figuiers de Barbarie, d'aloës et de lentisques. Ils contiennent beaucoup d'arbres dont les fruits ne sont pas bons; mais la terre est si fertile, et le climat si favorable à la végétation, que plusieurs sortes d'arbres portent des fruits deux fois par an. J'ai vu des pommiers fleurir pour la troisième fois au mois d'octobre.

Les Algériens ont bâti, ou plutôt rétabli une espèce de citadelle à un quart de lieue au sud-est de la ville, qui, dit-on, avait été commencée par Charles-Quint : on la nomme aujourd'hui *Château de l'Empereur*. Ce sont trois bastions irréguliers, avec une contre-garde non moins irrégulière, le tout construit en briques, sans fossés, sans contrescarpe, sans ouvrages quelconques. Ce fort est isolé sur une éminence qui domine la partie supérieure de la ville. Il est lui-même commandé par trois ou quatre hauteurs peu distantes, sur lesquelles on pourrait établir des batteries qui le foudroieraient sans peine et sans danger. Une attaque d'Alger par terre ne présenterait de chance de succès que de ce côté, qui, outre le Château de l'Empereur, est encore défendu par le Château de l'Étoile, une poudrière fortifiée et quelques ouvrages fermés.

La route qui longe la côte à gauche, en venant de la mer, et qui aboutit à la porte *Bebe Zou*, est protégée par un grand nombre de batteries formidables, établies de distance en distance, depuis le fort Matifoux, à l'extrémité orientale de la rade d'Alger, jusqu'à cette porte, avant laquelle on trouve un fort du même nom. La route du côté opposé est également couverte par de nombreuses batteries, placées sur le rivage, et par le fort des Vingt-quatre-Heures et le fort des Anglais. Cette route conduit à la porte *Bebe Luette*, près de laquelle s'élève le nouveau fort, dont le succès de l'expédition de lord Exmouth a fait sentir la nécessité, et qui défend l'entrée du port.

Le port est l'ouvrage des Algériens, qui ont su tirer parti du plan que la nature leur avait tracé. Toutefois ce port est petit, peu sûr et entièrement ouvert aux vents de nord et nord-est. Il a 130 brasses de long, 80 de large et 15 pieds de profondeur. Il est formé par deux môles, dont l'un se prolonge au nord et l'autre au nord-est. Ces môles étaient des rochers isolés que l'on a joints à la ville par une chaussée de trois cents pas de long, assez forte pour résister au choc des vagues qui la battent journellement d'un côté et quelquefois des deux. L'entrée du fort a été rétrécie par une jetée; les voussures des rochers, les cavernes, les intervalles ont été comblés avec soin; enfin tout le terrain est couvert par de triples batteries taillées dans le granit, ainsi que par des fortifications respectables, parmi lesquelles on distingue le Château Rond, qui est à l'épreuve de la bombe. Ces fortifications rendent la ville à peu près inexpugnable par mer, surtout depuis la construction du nouveau fort qui empêcherait maintenant de prendre à revers les batteries du môle.

La rade d'Alger s'étend en forme circulaire depuis le cap Matifoux jusqu'à la ville, ayant trois lieues d'ouverture et une et demie environ de largeur. Le fond est de vase, et l'on y trouve depuis quinze jusqu'à trente brasses de profondeur. Cette rade reste ouverte à tous les vents, particulièrement ceux de l'O. et du N., qui y règnent presque toute l'année, surtout l'hiver, et rendent ces parages fort dangereux. Au reste, tous les ports et toutes les rades de cette partie de l'Afrique sont exposés aux mêmes inconvéniens; c'est pourquoi un officier espagnol, à qui Charles-Quint demandait où se trouvaient les meilleurs ports et rades de Barbarie, répondit qu'ils étaient dans les mois de juin, de juillet et d'acût.

Il y a dans Alger deux forts importans occupés par de nombreuses garnisons. L'artillerie est servie par 4 ou 5,000 hommes d'une grande ignorance dans l'art militaire, et qui forment cependant les seules forces qu'on pourrait opposer à une attaque imprévue. Mais, dans le cas d'une nécessité pressante, le dey pourrait mettre sur pied une armée considérable. On évalue la population d'Alger à 135,000 habitans, dont 100,000 musulmans, 15,000 juifs, et 2,000 esclaves chrétiens.

1.2. Maures sédentaires. 3. Turc Algérien. 4. Marchand Maure.

CHAPITRE III.

DES DIFFÉRENS PEUPLES QUI HABITENT LE ROYAUME D'ALGER.

Diverses classes d'habitans. — Les Maures. — Leur état misérable. — Leur caractère. — Leur nourriture. — Manière dont ils se marient. — Condition des femmes. — Anecdote à ce sujet. — Habillement des Maures. — Leur insouciance envers leurs parens. — Anecdote. — Sanctification des hommes et des animaux. — Mœurs. — Habitations. — Les Turcs dans le royaume d'Alger. — Leur caractère. — Les Couloglis. — Leur caractère. — Leurs mœurs. — Leur costume. — Les Juifs dans ce royaume. — Leurs habillemens. — Religion des habitans. — Cérémonies diverses. — Usages. — Musique et danses chez les Maures. — Chanteurs et danseurs de profession. — Renégats.

Ce royaume est habité par trois classes d'hommes assez distinctes. Quoique les individus qui les composent paraissent avoir une analogie de mœurs, d'habitudes et de religion, les caractères ne sont pourtant point mêlés : la classe mixte, qui participe immédiatement des deux autres, tranche même avec elles de façon qu'on peut, à la simple inspection, distinguer ses membres de ceux des autres classes. Il est encore plus facile de faire la distinction des premiers en les comparant.

La première, la plus nombreuse, la plus utile et la moins respectée, est celle des Maures, qui sont indigènes. C'est peut-être le plus ancien peuple, le seul qui ait survécu aux tyrans de Rome, du Nord et de l'Asie. Les Maures, de moyenne stature, ont généralement le corps maigre et décharné. La mauvaise qualité de leur nourriture, ou plutôt la mauvaise façon de l'apprêter, le peu qu'ils en prennent, le grand usage qu'ils font des femmes, dès la plus tendre jeunesse, la malpropreté, la vermine, les peines, les vexations continuelles et les coups, voilà les causes de leur dégradation. La température de ce climat, comme on le verra dans la suite, n'est point défavorable à l'espèce humaine. Les eaux et les productions de la terre ne sont point assez viciées pour influer sur elle d'une manière aussi funeste ; et quoique l'espèce animale soit aussi plus petite qu'en Europe, et que les rapports physiques des deux espèces paraissent devoir être les mêmes à certains égards, il ne faut pourtant point s'y arrêter : l'une et l'autre peuvent prospérer sur ce sol. Je tâcherai de démontrer plus tard les causes de cette dégradation manifeste et permanente.

La physionomie des jeunes Maures est assez bien caractérisée. Ils ont les yeux généralement noirs et grands, le nez aquilin, la bouche bien fendue et de belles dents. Le tour du visage est bien pris, mais les oreilles sont un peu grosses, longues et basses. Leur peau est brune, et ceux de la campagne sont basanés. Leurs cheveux, qui sont noirs et rigides, paraissent pourtant avoir un principe lanugineux ; on le remarque aux jeunes gens, qui les conservent jusqu'à l'âge de puberté, et aux femmes de campagne qui les montrent toujours.

Il n'y a ni blonds ni blondes dans ce royaume : cependant les enfans ne viennent point au monde avec cette teinte rembrunie qu'ils portent toute leur vie, et que je crois être celle qu'ils doivent avoir sous le ciel de cette contrée. Ils naissent blancs, et leur peau, qui s'obscurcit par nuances légères, n'atteint son état parfait et décidé que lorsque l'individu a trois ou quatre ans; c'est ce qui a fait dire à certains voyageurs que les Maures ne sont basanés que parce qu'ils s'exposent trop jeunes au soleil. Ce jugement ne m'étonne point. Un voyageur superficiel, qui voit des enfans nus se vautrer sur la terre pendant les fortes chaleurs de l'été, ne manque jamais de dire que leur peau n'est brune qu'accidentellement; qu'ils doivent être blancs parce qu'ils naissent blancs; mais je pense que les Maures ont la couleur que la nature leur a assignée : elle est invariable et générale parmi eux. J'aurai peut-être, dans la suite, occasion d'appuyer mon assertion de preuves incontestables.

Marmol, dans son Voyage d'Afrique, dit que les habitans des montagnes de Barbarie sont plus blancs que ceux des plaines. Je n'ai point voyagé dans toute cette partie de l'Afrique, mais j'ai vu des individus de tous les coins du royaume d'Alger; je les ai comparés avec soin et leur ai trouvé à tous le même masque.

Les jeunes Maures sont gais, agiles à la course, doués d'une adresse et d'une agilité étonnantes pour monter sur les arbres les plus hauts. En grandissant ils perdent leurs traits, leur couleur primitive, leur souplesse et leur gaieté. Il leur reste un air spirituel à la vérité, mais ici c'est l'enseigne du plus méchant homme.

Les Maures qui habitent les villes s'occupent du commerce, des manufactures, de tous les travaux publics et domestiques; ils sont aussi parfois soldats, marins, et toujours défians, paresseux, avares, lâches, menteurs, insolens, cruels, quand ils le peuvent impunément. Ils n'ont nulle élévation dans l'âme ni dans le caractère. Cette fierté qu'ils affectent quelquefois n'est que l'effet du fanatisme, et la suite de cette autorité cruelle qu'ils exercent sur leurs femmes et leurs esclaves. On ne peut se les attacher par les sentimens ni par l'honneur, qu'ils ne connaissent point. Nulle honte, point de pudeur dans les procédés. On a pourtant vu des Européens nommer braves des Maures qui se cachaient derrière des rochers pour attendre les boulets de l'ennemi dans les guerres d'Alger, et parce qu'ils se jetaient sur le premier qui s'arrêtait près d'eux.

C'est sur des relations aussi véridiques que nous croyons à tant de faits miraculeux. Ces apologistes ne savaient pas que le dey donnait un demi-sequin algérien de chaque boulet qu'on lui portait; ils ne savaient pas que c'était la misère qui enhardissait ces désespérés et les mettait dans la cruelle nécessité de préférer à mourir de faim un coup de canon auquel ils ne s'exposaient pourtant qu'avec toutes les précautions imaginables.

Les Maures sont d'une sobriété sans exemple : un peu de blé grillé, qu'ils détrempent avec de l'eau froide, leur sert de nourriture dans les plus longs voyages; ils mangent des fruits, des racines, du lait aigre, rarement du pain. Je veux parler ici de ceux des campagnes. Le pain qu'ils font quelquefois est de farine de blé pétrie avec de l'eau froide, et cuite dans une espèce de four dont la bouche est tournée en haut. Quand le feu est allumé, ils mettent la pâte sur les charbons, la font un peu griller ou rôtir de chaque côté, et la mangent sans autre préparation.

Les Maures se marient généralement fort jeunes, et prennent plusieurs femmes, qu'ils méprisent, qu'ils traitent comme des bêtes de somme et dont ils sont extraordinairement jaloux, quoique adonnés à des vices honteux qui devraient leur rendre le sexe indifférent. Chez eux, le mariage est un marché, et voici comment il s'opère :

Un Maure sait que son voisin a une fille de dix à douze ans; il lui propose ou lui fait proposer de la prendre en mariage. Le père du celui qui le représente demande ce qu'on en veut donner, et le marché est conclu aussitôt que les offres conviennent. Le prix donné est pour la fille. Il consiste ordinairement en habillemens, pour celles de la ville; pour celles des campagnes, en une chemise, un *bernus* de laine blanche, à peu près semblable à celui des hommes, dont je parlerai tout à l'heure, un mouchoir, des pantoufles, d'autres bagatelles de peu de valeur, et quelquefois une vache ou une somme d'argent; le père exige ce dernier article, pour être donné à sa fille en cas de renvoi.

Les Maures ne croisent leur race que le moins qu'ils peuvent; ce n'est jamais qu'au défaut de parenté qu'ils ont recours à d'autres familles.

On est assuré que l'incontinence n'est pas la seule raison qui leur fait prendre quantité de femmes. Assez communément, ils les gardent toutes, ainsi que les enfans qui en proviennent. Comme ce malheureux sexe est esclave dans ce pays, et qu'il se voit condamné à l'humiliation et à la peine, l'aisance des Maures se calcule en raison des femmes et des enfans qu'ils ont pour cultiver les terres et se faire servir. Les terres éloignées des villes appartiennent à ceux qui les ensemencent: celui qui a le plus de bras a donc le plus de moyens, il est donc le plus riche; il peut vivre plus commodément, et se livrer sans gêne à son apathie, à sa nonchalance naturelle, et passer sa vie accroupi à la porte de sa tente, sans courir le risque d'être obligé de se déranger de cette posture, qui est pour un Maure la plus agréable, même lorsqu'il veut allumer sa pipe. Voilà les raisons qui déterminent les Maures à la pluralité des femmes. Ceux des villes, auxquels un grand nombre de femmes seraient à charge, à cause de l'entretien, se contentent d'une, de deux ou trois au plus.

Toutes ces femmes, quoique rongées de jalousie et d'ennui, vivent en paix. La moindre plainte amène le châtiment le plus cruel; on les laisse sans nourriture pendant plusieurs jours, et, de plus, elles reçoivent souvent des coups de bâton sans nombre. Ces victimes de la barbarie la plus atroce n'ont pas seulement dans leur infortune le privilége de ces effusions que la douleur arrache aux êtres les moins sensibles; les cris et les plaintes ne feraient qu'irriter les tyrans, et augmenter les maux dont ils les accablent.

Un Maure de campagne dit un jour au caïfte du bey de Mascara, qu'*il venait de couper le cou à une de ses femmes, parce qu'elle* ne voulait pas vivre en paix avec les autres. Le caïfte lui répondit avec beaucoup de tranquillité qu'*il avait bien fait; qu'il n'avait qu'à en chercher une plus douce.* Ces exemples sont très-communs, et ne sont pas autrement punis : bien entendu que le jugement est toujours sollicité et réglé sur un présent. Si pourtant les parens de la femme offraient assez d'argent pour prouver que le mari a donné lieu aux tracasseries dont il se plaint, et qu'il est un méchant homme, alors on ferait mourir le meurtrier sous le bâton ou sous la hache. Mais pour l'ordinaire, quand un mari tue la femme qui lui a donné quelques sujets de plainte, les parens se taisent et se contentent du présent qui avait été promis à la défunte, le jour de son mariage.

Il serait sans doute plus naturel de renvoyer une femme que de l'égorger; mais la crainte de la voir tomber dans d'autres mains, est un des plus puissans motifs qui les portent à ce crime. La colère à laquelle tous ces faibles et lâches hommes sont enclins est le second ; un troisième est l'avarice. Ils espèrent pouvoir couvrir leur forfait de quelques causes subites, et par là éviter de tenir leur engagement.

Une jeune Mauresque du même *gourbin* (village), que le Maure dont je viens de parler, vient se jeter aux pieds du même caïfte pour lui demander justice contre son mari qui la maltraitait journellement et sans raison. Le caïfte manda aussitôt ce Maure, et, sans vouloir l'entendre, il lui fit donner cent trente coups de bâton sur la plante des pieds. Après cette exécution, la jeune femme se jeta de nouveau à genoux devant le caïfte, et se confondit en remercîmens; mais elle était venue les mains vides, ce qui est contre les lois musulmanes; et pour lui apprendre une autre fois à n'y point contrevenir, on la fit monter sur les épaules de son mari, et on lui distribua, ainsi portée, quarante coups de bâton gratis sur le derrière: le mari et la femme baisèrent la main de leur juge, et s'en retournèrent en paix.

L'habillement des marchands maures, dans les villes, est composé d'une chemise de soie ou de coton, d'une petite camisole de drap fermée par devant et par derrière, dont les manches serrées se boutonnent près du poignet, et ne passent pas les reins. Une ample culotte de drap ou de toile blanche leur descend jusqu'aux genoux, et s'attache près de la camisole. Ces deux pièces sont assujetties par une large ceinture qui couvre les extrémités réunies. Par-dessus la camisole il y a une espèce de robe de chambre en drap qui va jusqu'aux genoux : point de bas, seulement des pantoufles de maroquin noir sans quartier, dont le talon, élevé d'un pouce, est pour l'ordinaire couvert d'une lame de fer. Sur leurs épaules ils portent un *bernus* de drap blanc : c'est un manteau qui ressemble à celui des capucins et que l'on fabrique dans le pays; ils le mettent sur le dos quand il pleut ou qu'il fait froid. Leur tête est rasée et couverte d'une calotte de drap rouge autour de laquelle ils roulent une pièce de coton blanc arrangée en façon de turban. Ils conservent la barbe ou au moins des moustaches.

L'habillement des Maures de campagne est plus simple : un morceau de drap blanc, qu'ils appellent *haïkc* et qu'ils tournent autour de leur corps, leur sert d'habit, de couverture et de matelas. Ils ne portent ni bas ni culottes. Dans quelques cantons ils portent le *bernus*, dont ils attachent le capuchon sur la tête avec une corde; dans d'autres ils portent avec ce *bernus* une large culotte de drap et des pantoufles de maroquin noir. La plupart et surtout les nomades n'ont que le haïkc.

En dépit d'une infinité de causes qui semblent s'opposer à la conservation de l'espèce humaine dans ce royaume, il y a pourtant des habitans qui poussent leur carrière fort loin et dont la vieillesse n'est accompagnée d'aucune infirmité. Les Maures respectent leurs vieillards tant qu'ils sont utiles; mais, quand ils cessent de travailler, et qu'ils sont à charge, on leur témoigne sans ménagemens l'ennui qu'ils causent.

On dirait que la tendresse paternelle et la tendresse filiale ne soient que des mots inventés par l'homme civilisé, pour donner à la nature un caractère de sensibilité qu'elle n'a point. L'homme sauvage s'occupe de lui seulement; il aime sans efforts ceux qui lui sont utiles, et les oublie de même quand ils cessent de l'être: père, mère, frère, sœur, ce sont là de vains titres pour mériter sa reconnaissance et son attachement. Le Maure qui n'a appris de ses parens qu'à boire et manger, croit avoir acquitté sa dette quand il a donné la même éducation à ses enfans. Il n'est point sensible à l'abandon de ses proches, ni des personnes qui paraissent même devoir mériter ses plus grandes affections. Une anecdote, qui vient à l'appui de cette vérité, servira à faire prendre d'eux la véritable opinion que l'on doit en avoir.

Un chirurgien portugais assurait qu'un Maure de campagne vint le trouver un jour, et lui dit : « *Christian barbèros* » (c'est ainsi qu'on nomme les chirurgiens étrangers dans ce pays), « donne-moi quelques drogues pour faire mourir mon père ; je te les paierai bien. » Le Portugais, étonné comme le serait tout Européen à qui l'on ferait une pareille demande, resta un moment interdit ; mais, en homme qui connaissait bien cette nation, il revint à lui, et dit à ce Maure, avec un sang froid égal à celui qu'avait employé ce dernier pour faire son atroce demande : « Est-ce que tu ne vis pas bien avec ton père ? » — « On ne peut pas mieux, » répondit le Maure ; « c'est un brave homme ; il a gagné du bien, m'a marié et m'a donné tout ce qu'il possédait. Nous vivons ensemble depuis quelques années, et je le nourris, sans reproche ; mais il ne peut plus travailler, tant il est vieux, et ne veut pas mourir. » — « C'est une bonne raison, » dit le chirurgien ; « je vais te donner de quoi l'y faire consentir. » En même temps il prépara une potion cordiale, plus propre à reconforter l'estomac du vieillard qu'à le tuer, et sans faire la moindre observation à ce sauvage, pensant bien qu'il suffirait de montrer la plus petite répugnance pour déterminer le Maure, naturellement défiant, à aller trouver d'autres personnes qui montreraient moins de scrupule à lui accorder sa demande. Le Maure payâ bien et partit; mais, huit jours après, le voici qui revient annoncer que son père n'est pas encore mort. « Il n'est pas mort! » s'écrie le chirurgien; « il mourra. » Aussitôt il compose une autre potion, qu'il se fait également payer, et promet qu'elle ne manquera pas son effet : le Maure le remercia. Quinze jours n'étaient pas écoulés, qu'il reparut de nouveau, assurant que son père paraissait mieux se porter depuis qu'il prenait des drogues pour mourir. « Il ne faut pourtant point se décourager, » dit ce bon fils au chirurgien, « donne-m'en de nouvelles; et mets toute ta science à les rendre sûres. » Après celles-ci le Maure ne revint plus. Mais un jour le chirurgien le rencontra, et lui demanda des nouvelles du remède. « Il n'a rien fait, » dit le Maure; « mon père se porte bien; Dieu l'a fait survivre à tout ce que nous lui avons donné ; il n'y a plus à douter que ce ne soit un *marabout* (saint). »

La simplicité et la franchise avec lesquelles ce Maure se préparait au plus grand des crimes, ne semblent-elles pas annoncer un homme en démence? Dans ce pays c'est la chose du monde qui paraît la plus naturelle. Un homme inutile ou à charge, chez les Maures, doit mourir s'il n'est un saint. Sans doute quelques derviches auront été, après la mort de ce vieillard, s'établir sur sa tombe, pour vivre aux dépens des simples, auxquels ils n'auront pas manqué de réciter cette anecdote édifiante.

Ces demi-sauvages sanctifient, à propos de la plus petite chose qui leur paraît extraordinaire, les hommes et les animaux. J'ai vu ici un lion familier qu'un fripon faisait voir comme un saint; chacun y courait et portait des présens au conducteur. Le lézard, le crapaud sont sanctifiés chez les Maures, ainsi que plusieurs sortes d'oiseaux.

La faible connaissance que les Maures ont des hommes policés ne sert qu'à les rendre plus méchans, plus dangereux, plus défians, plus traîtres. « Des usages choquans pour notre délicatesse efféminée », dit l'abbé Raynal, qui a fait des peuples de l'intérieur de la Barbarie un portrait peu fidèle, « n'ont pour eux rien que de noble et de simple, comme la nature qui les dicte. » Ce qui serait vraiment choquant, non-seulement pour notre délicatesse, mais encore pour la décence et l'humanité européenne, serait sans doute de voir dans une horde moresque des hommes que la misère et la nécessité ont rassemblés, se déchirer, se vendre, se voler, vivre seuls en société, par haine et par défiance. Ce qui serait encore très-choquant pour nous, ce serait de voir un Maure en voyage, monté sur son chameau ou sur sa mule, faisant marcher devant lui et pieds nus, sur les sables brûlans des déserts du Sahâra, ses femmes portant leurs enfans pendus à la mamelle, et quelques meubles de ce ménage ambulant. Ce qui ne le serait pas moins serait de voir ce même Maure se reposer en fumant sa pipe quand il est arrivé à son gîte; tandis que ses malheureuses femmes et ceux de ses enfans qui peuvent travailler lui préparent sa tente, lui apprêtent à manger, ont soin de ses troupeaux.

« Lorsque les plus considérables des Arabes veulent recevoir un étranger avec distinction », dit encore l'abbé Raynal, « ils vont chercher eux-mêmes le meilleur agneau de leur bergerie, l'égorgent de leur propre main, et, comme les patriarches de Moïse ou les héros d'Homère, ils le coupent par morceaux, tandis que leurs femmes s'occupent des autres préparatifs du festin. » S'il ne faut qu'égorger des moutons pour avoir part à cette ressemblance héroïque, beaucoup de peuples barbares y ont droit. Lorsqu'on voyage chez les Maures, ils présentent des agneaux et du lait aigre à ceux qui ont l'argent à la main, et c'est parce qu'ils sont assurés que ces choses seront payées au delà de leur valeur. Sans cet espoir, on peut très-bien se persuader qu'ils n'en feraient rien : c'est même ce qui arrive toutes les fois qu'un étranger est accompagné d'un *spahis* (cavalier de quelque bey). Comme ces cavaliers sont accoutumés à ne payer que ce qu'ils veulent, souvent rien, pour ne point démentir leur origine moresque; les étrangers qui les accompagnent sont obligés de montrer l'argent et de prier, en payant trois fois la valeur, pour obtenir les choses les plus nécessaires. Les héros de Moïse et d'Homère qui sont dans ce pays ne prennent pas la peine d'égorger eux-mêmes les moutons qu'ils vendent; ils n'en donnent point, et ne sont pas assez généreux pour inviter un étranger à en venir manger chez eux. Ils craindraient que l'on eût occasion d'approcher trop près de leur tente; mais ils viennent sans façon se mettre à table avec les étrangers sans y être invités, et tâchent de ne les quitter qu'après avoir volé quelque chose.

Les enfans des personnes les plus qualifiées, ceux même des *scheiks* et des *émirs*, gardent les troupeaux de leur famille. Les garçons et les filles n'ont pas d'autre occupation dans leur jeunesse, dit encore le même auteur. Chaque *gourbin* ou horde a un chef, appelé scheik ; c'est le premier, quelquefois le plus ancien de la peuplade. Il n'est distingué que parce qu'on défère à ses conseils, et parce que c'est à lui que les Turcs s'adressent pour avoir la garance (tribut). Ses enfans, s'il en a, ne sont pas plus nobles que ceux du plus pauvre de la troupe. Ils gardent les troupeaux tous ensemble, les garçons seulement, et les vieillards s'ils ne peuvent rien faire de mieux ; tous dans les mêmes pâturages; et quand on est en marche, toute la horde, hommes, femmes, enfans, suivent les troupeaux et veillent à leur conservation. Les plus distingués chez les Maures sont ceux qui ont le plus de femmes, d'enfans et de troupeaux.

Les tentes des nomades sont assez spacieuses pour l'ordinaire, mais elles sont basses. L'étoffe qui les forme et les couvre est un tissu de poil de chèvre mélangé avec de la laine : elle peut garantir de l'eau, mais non du chaud ni du froid. Cependant les Maures habitent leurs tentes dans toutes les saisons. Ils observent de lever les pentes pendant l'été pour faciliter la circulation de l'air, mais l'hiver ils les abaissent soigneusement et se serrent les uns auprès des autres pour se tenir chaud : pères, mères, frères,

1.2. Maures Nomades. 3.4. Juifs d'Alger.

sœurs, etc., tout est pêle-mêle, couché sur des peaux de mouton ou des nattes de jonc.

Marmol dit, dans son Voyage d'Afrique, que les Maures sont plus sensibles au chaud qu'au froid, parce qu'ils vont tête nue dans toutes les saisons. Il faut croire qu'ils sont plus sensibles au froid qu'au chaud, quoiqu'ils tâchent, autant qu'ils le peuvent, de se garantir de l'un et de l'autre. Ils se couvrent avec soin tout le corps l'hiver et l'été de leur haïke ou bernus. Il est vrai qu'ils dorment, comme on l'a déjà dit, sur une peau de mouton, sur une natte, sur la terre même, et le plus souvent au grand air. A Alger, où il n'y a ni auberges ni hôpitaux, les étrangers, que quelques affaires obligent d'y séjourner, couchent fort bien dans les rues s'ils n'ont point d'amis établis dans la ville. Dans toutes les saisons on trouve des Maures ainsi hébergés devant les portes et les boutiques, dormant aussi paisiblement que s'ils étaient dans de bons lits. Dans leur repos ils craignent si fort de se déranger qu'il faut les plus grandes raisons pour les émouvoir. On en a vu dans leurs tentes ne quitter la même posture pendant plusieurs jours que pour les besoins les plus pressans.

La seconde classe des habitans dans le royaume

d'Alger comprend les Turcs. C'est elle qui domine, quoiqu'elle ne soit pas la plus nombreuse. Par l'attachement qu'on connaît aux Turcs pour le lieu de leur naissance, on doit bien présumer qu'il n'y a que les plus malheureux ou les plus méchans qui s'expatrient : tous ceux qui sont ici sont recrutés dans les provinces de l'empire ottoman.

En arrivant dans cette ville, ils paraissent d'abord étonnés, gauches, timides ; une fois qu'ils ont vu l'air et la tournure des affaires, une fois qu'ils sont endoctrinés, ils joignent aux vices qu'ils ont conservés de leur pays natal ceux que leurs compatriotes qui les ont précédés ont déjà contractés dans le commerce des Maures, et de ce moment ils ne s'occupent plus que de débauches, de brigandages, jusqu'à ce que la satiété, les maux ou l'ambition viennent changer leur façon de penser.

Les derniers arrivés sont encouragés, protégés, caressés par les grands, qui cherchent à se faire des partisans : aussi ne tardent-ils point à être commodes, à se marier, à entrer dans les corps qui conduisent aux premiers emplois, et à parvenir, s'ils ont de la bravoure et de l'intelligence. Il n'y a que les moins habiles et les scélérats déterminés qui restent aux casernes,

Comme ces derniers sont dans la misère, ils gagnent quelque argent en faisant le service des plus aisés.

Quoique les Turcs soient obligés de changer leur caractère, qui est naturellement franc et généreux, pour pouvoir se soutenir dans les emplois, pour pouvoir commander aux Maures et n'en être point dupes, on leur reconnaît pourtant en général de l'élévation, de la générosité, de l'humanité et plus de franchise qu'il ne s'en rencontre dans les différentes nations qui habitent ce royaume. Ils sont aussi plus braves. Mais ces vertus ne dominent chez eux que jusqu'à un certain point. Elles font sans doute la base de leur caractère; mais les vices d'un gouvernement de pirates en détruisent si fort les apparences qu'on a peine à les apercevoir.

Ils ont le plus profond mépris pour les Maures; cependant ils épousent journellement leurs filles et se contentent d'une seule femme. Les enfans qui sortent de ce mélange forment la troisième classe.

Les *Couloglis*, que les Européens nomment Coloris, sont issus d'un Turc et d'une Mauresque. Les enfans d'un homme et d'une femme couloglis portent aussi le même titre. Ils ont un air de cordialité, surtout avec les étrangers, qui charme et fait plaisir au premier abord; mais ce n'est jamais le fond du cœur qui paraît dans leur accueil : l'orgueil, l'envie et l'avarice qui éclatent en eux ne tardent pas à détruire l'opinion favorable qu'on aurait pu en concevoir. Ils sont gourmands et ivrognes; colères comme tous les hommes faibles; lâches et paresseux, comme les Maures. Ils enveloppent tous ces vices et les cachent sous un masque de franchise et de bonhomie qui les rend les plus dangereux de tous les hommes.

Aucun des Couloglis ne peut parvenir aux emplois de l'état, qui ne sont réservés qu'aux Turcs. Le fils du dey n'a pas plus de privilége à cet égard que le fils du dernier soldat. Ils n'ont de relief que celui que peut donner la richesse; et presque tous en ont, parce que leurs pères, ou du moins les Turcs, ne prennent de femmes que lorsqu'ils sont aisés ou que celles qu'ils épousent leur apportent de la fortune.

Prévenus en naissant de leur nullité, les Couloglis se livrent, aussitôt qu'ils le peuvent, aux douceurs d'une vie tranquille et nonchalante, qu'ils passent presque toute entière dans les bras de la débauche et non de l'amour, qu'on ne connaît pas dans un pays où tous les êtres, excités par les ardeurs d'un soleil brûlant, s'abandonnent plus volontiers aux plaisirs faciles qu'aux jouissances du sentiment.

Les Couloglis saisissent avidement tous les moyens qui peuvent entretenir leurs habitudes licencieuses, et sont moins fanatiques que les Turcs et les Maures; ils passent plus légèrement sur tous les articles de religion qui mettraient obstacle à une vie si douce et si commode.

Les pères et mères de ces joyeux débauchés les marient fort jeunes, pour tâcher d'arrêter la fougue de leur tempérament, mais sans y réussir : cette époque est le terme de leur innocence, et le commencement de leurs débordemens. Inconstans par goût, par inclination, par les fréquentes occasions que la fortune leur procure de pouvoir choisir et entretenir les femmes publiques qui leur plaisent, et dont l'humeur libertine est très-analogue à leur façon de penser, ils ne sauraient vivre long-temps avec la femme qu'ils ont épousée. Ils sont énervés de bonne heure, et le dégoût, que la satiété amène toujours, est le puissant motif qui les pousse sans cesse au changement, pour tâcher de réveiller leurs sens engourdis. Ils sont peu jaloux, cependant ils suivent les usages reçus dans ce pays à l'égard du sexe.

Leur habillement est composé d'une chemise

de soie ou de coton, à larges manches, qu'ils retroussent l'été, et d'une petite camisole fermée par devant et par derrière, qu'ils mettent par-dessus, en passant la tête la première. Le bas de cette camisole est assujetti sur les reins par une ceinture qui retient en même temps une large culotte de drap ou de toile de coton blanc, qui ne passe pas le bas des genoux. Il y a sur la camisole deux ou trois petites vestes courtes, sans manches et brodées en or, suivant la fantaisie de chacun. Ils ne portent point de bas, mais seulement des pantoufles de maroquin noir à quartier, sans talons, et carrées par le bout. Ils portent le *bernus* comme les Maures. Ils se rasent la tête et la couvrent d'une calotte rouge; ils ont la barbe, ou tout au moins les moustaches. Tel est l'habillement appelé *algérien*.

Il y a beaucoup de Juifs à Alger, ainsi que dans les principales villes de ce royaume, et ils ne le cèdent à personne en fourberie, friponnerie et fanatisme. Les Algériens les autorisent dans leur pays, parce qu'ils font le commerce avec leurs amis et leurs ennemis. D'ailleurs ces Juifs leur paient leur existence, et ils servent d'espions à la régence, qui les traite et les laisse traiter par le peuple comme les plus vils animaux. Pour empêcher que les Juifs ne puissent se soustraire au mépris public, on les oblige à ne porter que d'une couleur, celle qui est en horreur chez les Maures et les Turcs, c'est-à-dire le noir. Ils sont vêtus d'une robe étroite qui descend jusqu'aux talons, et qu'ils serrent autour de leur corps avec une ceinture; ils portent en outre une grande culotte et des pantoufles semblables à celles des marchands maures, dans lesquelles ils ne mettent que le bout des pieds. Voilà tout leur ajustement; toutes les pièces en doivent être noires, sans en excepter la calotte qui couvre leur crâne. Ces misérables souffrent patiemment, et sans se décourager, toutes les horreurs et toutes les turpitudes dont on peut les accabler impunément; tandis que la loi les condamne à la corde ou au feu, pour lever seulement la main sur des enfans turcs ou maures.

Un savant prétend que les Juifs ont le teint brun, comme ils l'avaient autrefois. Autrefois, comme aujourd'hui, les Juifs avaient le teint fort blanc. J'ai vu le prototype, la souche, c'est-à-dire ceux de la Palestine. J'ai suivi cette malheureuse race dans l'Asie, en Morée, dans les îles de l'Archipel, en Afrique, en France, en Italie, en Allemagne. Je les ai trouvés partout beaucoup plus blancs que les autres hommes. Mais revenons aux trois classes dont j'ai déjà parlé; et, rassemblons les traits généraux qui les caractérisent.

Les Maures, les Turcs et les Couloglis professent la religion mahométane et suivent la secte d'*Omar*; à la réserve de quelques Maures sectaires de *Mélik*, qui sont répandus dans le royaume, et connus sous les noms de *mouzabis* et de *zerbins*. Ces derniers ont deux mosquées dans la ville, pour faire leur prière; l'entrée des autres leur est interdite.

La prière, la circoncision, les mariages et les enterremens se font avec les cérémonies reçues chez tous les mahométans. Ils ont aussi la manie d'avoir des cimetières particuliers, qu'ils entourent de petites murailles, et qu'ils décorent d'arbres et de pierres dressées à chaque bout des fosses, pour indiquer le nom et les qualités de ceux qui y sont enterrés. Ces cimetières occupent un emplacement considérable autour de la ville.

Ils apprêtent tous leurs mets de la même manière, et conservent en les mangeant les mêmes habitudes. Ils s'asseyent les jambes croisées sur un tapis ou sur une natte étendue par terre, devant une petite table ronde élevée d'un pied.

seconds par fanatisme. Les Couloglis ne sauvent pas même les apparences : sans frein dans leurs débauches, ils ne cherchent que la possibilité de les accroître, ou tout au moins de les entretenir. Le gouvernement ferme les yeux sur leur conduite désordonnée, tant que le scandale n'y va pas jusqu'à l'excès.

Les Maures ont en horreur les Turcs, parce qu'ils ne les croient pas bons musulmans, et parce qu'ils sont des maîtres très-dangereux. Il est certain qu'ils châtient vigoureusement quand on leur en fournit les occasions. Ces Numides jurent sur la tête de leurs femmes pour affirmer une vérité, et en même temps ils jurent simplement de les quitter, s'il arrive qu'ils n'aient pas dit vrai. Ils ne manquent jamais de tenir ce serment, pour ne pas s'exposer au reproche public d'avoir menti, lorsqu'ils ne peuvent prouver qu'ils se sont trompés ; mais, quoique le fanatisme ait autant de part à cet acte que la politique, ils ont pourtant bien soin, avant l'exécution, de mettre en usage tous les faux-fuyans et toutes les ruses que la fourberie la plus raffinée peut leur suggérer pour éluder leur serment, et tromper en même temps le ciel et les hommes. Les Maures détestent aussi les Couloglis, qu'ils regardent comme des infâmes, avec d'autant plus de raison que ces libertins corrompent journellement leurs femmes et leurs filles, et qu'ils sont assez riches pour prévenir les plaintes, et faire même retomber sur les mécontens les châtimens qu'ils méritent eux-mêmes. Les Couloglis rangent les Maures dans la classe des bêtes de somme, et, dans l'occasion, se servent des uns et des autres pour les mêmes emplois.

Les Turcs ont le plus profond mépris pour ces deux espèces d'hommes : cependant, comme les Couloglis leur appartiennent de plus près, ils les voient avec moins de répugnance.

En général, tous indistinctement sont très-ignorans, fourbes, menteurs et portent la dissimulation au suprême degré. Ils savent se voiler avec tant d'adresse qu'ils surprendraient le plus fin politique d'Europe. Il est pourtant aisé de les tromper, et les Européens y réussissent en caressant leurs vices, et en montrant autant de bonhomie qu'ils en affectent eux-mêmes avec les étrangers. Sans goût pour les sciences, les arts et l'industrie, ils n'ont de connaissances du commerce que celles que nous leur avons données.

Quand un Maure cherche à vendre quelque chose, il demande toujours ce qu'on en veut offrir ; si on le force à dire le prix qu'il désire et qu'on le prenne au mot, il croit être dupe, se rétracte ou tâche de friponner sur l'argent; il va, vient, en se plaignant qu'il n'a pas son compte; et, s'il ne peut réussir de ce côté, il substitue des pièces fausses qu'il cherche à faire accepter aux personnes qui ont contracté avec lui, sous prétexte qu'il les a reçues d'elles.

On a déjà dit que les Maures perdaient leur gaieté en grandissant ; cependant ils aiment la musique et le spectacle de la danse, dans l'âge même le plus avancé, mais c'est la musique et la danse de leur pays, qui sont plus propres, l'une à effrayer, et l'autre à ennuyer qu'à récréer. Les chansons mauresques doivent être chantées à gorge déployée : elles sont langoureuses ou licencieuses. Les premières peuvent être appelées des complaintes d'amour, et les secondes de bruyantes ordures. Le chant est monotone ; deux ou trois phrases composent l'air le plus compliqué : pour les paroles, chacun les arrange à sa mode et les fait à sa façon; il suffit de savoir l'air, de le chanter, pour rendre la chanson agréable. Il y a pourtant des chansonniers titrés, qui débitent leurs productions dans les tavernes et dans les maisons où ils sont appelés. Les personnes qui veulent donner une fête, envoient chercher les musiciens publics : on les place au milieu d'un cercle de convives, assis à côté les uns des autres, sur une natte ou sur un tapis étendu par terre. Ces musiciens, qui sont ordinairement au nombre de trois ou quatre, hommes et femmes, commencent par débiter une chanson à l'honneur du maître de la maison; ils s'accompagnent d'un mauvais violon, d'une lyre ou guitare à quatre cordes, d'un tambour de basque et d'un autre instrument appelé *derbouka*, espèce de pot de terre couvert d'une peau tanée ou d'un morceau de parchemin, dont ils jouent en le frappant avec la main, pour faire la basse de leur musique.

Après avoir célébré le maître de la maison, ils adressent le même hommage aux principaux convives, et ne manquent jamais de dire un couplet en l'honneur des étrangers, si la curiosité ou le hasard en amènent : cela ne leur coûte que la peine de substituer tel nom à tel autre, et tout ce qu'ils veulent, de façon que l'air ne soit pourtant pas dérangé. On conçoit facilement que les paroles de leurs chansons ne sont ni rimées, ni cadencées comme les nôtres. Ces chanteurs sont aussi danseurs, et l'on n'en trouve pas d'autres dans le royaume.

Les Maures des deux sexes ne dansent jamais; ils se contentent de voir danser les jongleurs avec une patience qui pourrait faire honneur à un être inanimé : ces danses consistent en des trépignemens de pieds et quelques mouvemens de bras accompagnés de postures lascives et indécentes. On a remarqué que la danse désignait le caractère des nations : heureuse celle qui ne montre que des jeux innocens ! Les jeunes Mauresques assistent à ces danses, et c'est avec de semblables leçons qu'on les prépare à entrer en ménage. Les fêtes où les jongleurs sont appelés durent ordinairement deux ou trois jours et autant de nuits. On ne saurait s'empêcher d'y admirer le sang-froid et la patience des convives, qui, pendant tout ce temps, observent le plus profond silence, ne quittent leur posture que pour des besoins urgens, et ne sont pas un moment sans fumer et prendre du café. On ne saurait non plus assez admirer la force et le courage de ces jongleurs, qui ne cessent de crier, jouer et danser. Les hommes et les femmes sont toujours séparés dans ces fêtes.

Un usage très-commun chez les Maures veut que le donneur de fête ne soit pas le seul qui paie les violons : à la suite de chaque danse, la moins dégoûtante des danseuses fait la ronde en tendant la main, et les convives, par forme de gratification, paient le plaisir dont on prétend les régaler.

Il y a peu de renégats dans ce royaume, par la raison que les Algériens ne sont point convertisseurs. Ils font parade d'une maxime fort bonne en elle-même, qui cependant n'émane pas de leur véritable façon de penser : ils disent que quiconque n'est pas bon chrétien ne peut pas être bon musulman. En conséquence, ils bâtonnent tous les esclaves qui veulent renier ; et c'est avec des coups qu'ils forcent chacun à ne point abandonner sa religion. Le motif réel de cette conduite est l'intérêt : un esclave vaut trois ou quatre cents sequins : s'il reniait il ferait perdre à ses maîtres cette somme et son travail, et la religion de Mahomet n'y gagnerait pas un fidèle croyant.

CHAPITRE IV.

DES ALGÉRIENNES MAURESQUES ET JUIVES.

Beauté des Mauresques. — Couleur de leur peau. — Usage des bains. — Toilette de ces femmes. — Bijoux qu'elles portent. Costumes divers. — Habillement des femmes de la campagne. — Tatouage. — Mariage des Mauresques. — Leurs enfans. — Châtiment en cas d'adultère. — Exécution d'une jeune fille coupable d'un commerce illicite. — Esclave chrétien surpris chez des femmes publiques. — Mœurs des Algériennes. — Contraste de la condition de ces femmes et de celles d'Europe. — Juives dans le royaume d'Alger. — Veuvages des Mauresques. — Monture des femmes du pays. — Femmes publiques.

Les Mauresques sont généralement belles quoique brunes : on en rencontre qui ont la peau assez blanche; mais la nature pour cela ne les a point exemptées de la teinte qu'elles doivent

1, 2, 3. Algériennes dans la Maison.

avoir dans le pays qu'elles habitent. Le blanc de l'œil qu'elles ont un peu jaunâtre comme celui des Quarterons décèle leur origine. Les enfans des Turcs et Mauresques sont les seuls qui aient la peau véritablement blanche dans ce royaume; pour les filles mauresques, elles sont brunes; et il ne faut pas croire que la précaution qu'on a de ne les laisser sortir que très-voilées conserve leur peau comme elles l'ont en naissant; la mutation se fait, comme je l'ai déjà dit, à l'âge de trois ou quatre ans. De cette époque, s'il survient quelques changemens dans leur peau, c'est accidentellement. Si elle devient plus foncée, la chaleur et le soleil en sont cause. Si elle devient livide ou tachée c'est l'effet de quelques maladies. Elles ont par conséquent la couleur qu'on doit avoir dans ce pays. Rien ne l'altère. La nature ne manque jamais à ses lois: l'art peut la masquer, mais non la changer. Je pense donc que c'est à quelques artifices que se sont laissés surprendre les voyageurs qui ont trouvé des masques de toutes les couleurs dans ce royaume.

Les Mauresques ont la taille avantageuse et paraissent assez bien conformées. Les tailles sveltes et dégagées ne sont point recherchées par les Turcs et les Maures; aussi les femmes mettent tout en usage pour acquérir de l'embonpoint : elles y parviennent pour la plupart, car il est très-ordinaire d'en voir d'une forte corpulence.

Elles font un grand usage des bains ou étuves. C'est dans ces lieux de délices pour elles qu'elles se préparent à recevoir les robustes caresses de leurs maîtres. D'abord elles se font épiler les parties sexuelles, par le moyen d'une pâte destinée à cet emploi. Cette pâte est si corrosive que les parties les plus saines qui la reçoivent s'enflent et s'enflamment prodigieusement, si l'on néglige de l'enlever au moment où elle a produit son effet. Lorsque les dames algériennes rencontrent quelques femmes étrangères au bain, elles s'amusent à les faire épiler; mais elles ont bien soin de ne pas les avertir du moment où l'effet de la pâte est accompli, pour rire aux dépens de leurs dupes, à qui elles envoient demander le lendemain si leurs maris les ont bien fêtées.

Après cette opération, on leur enduit tout le corps d'une sorte de terre savonneuse, que l'on recueille dans le royaume de Maroc, et qui a la propriété d'adoucir et de nettoyer la peau.

Les Algériennes aiment passionnément les parfums; mais ceux qu'elles préfèrent à tous, et dont il est rare de les trouver dépourvues, sont le musc et l'essence de rose. Elles ont aussi coutume de se faire peindre les sourcils en noir foncé, et poussent jusqu'à la fureur l'envie de les avoir gros comme le doigt, et dessinés en croissant. Pour qu'ils leur paraissent beaux, ils doivent se joindre en forme d'équerre sur la racine du nez; et, au-dessous de l'angle, il faut qu'il y ait une petite poire dessinée avec la même couleur. Les Mauresques ont encore grand soin de se noircir le tour des paupières; ce qui leur donne un air dur. Mais, arrangées de cette façon, elles croient avoir des yeux de gazelles, genre de beauté que ces femmes envient avec le plus d'ardeur. Pour cette opération, on se sert de noix de galle, qui, après avoir bouilli dans de l'eau, sont séchées et réduites en poudre, et se transforment en une pâte un peu liquide, qu'on applique sur les sourcils, en l'étendant avec un petit peigne de plomb, et sur les paupières, avec une aiguille d'argent. Ces femmes mettent beaucoup de rouge et de mouches, et se font teindre les ongles des mains et des pieds en jaune rouge, avec une poudre qui provient des feuilles d'*Alcanna* desséchées. Elles ont cinq ou six trous percés autour du lobe de l'oreille, et y attachent de très-grands anneaux d'or ou d'argent, suivant leur fortune. Les Algériennes portent, indépendamment des anneaux, des pendans d'oreille si grands qu'ils tombent sur leurs épaules : c'est un assemblage de diamans, de perles, et de petits globules d'or, arrangés à la façons du pays. La tête des Algériennes est couverte d'une lame d'or ou d'argent, travaillée à jour, de la largeur de six pouces, et qui s'attache au-dessous du chignon avec de petits cordons ; elle se pose sur la racine des cheveux, pour couvrir le derrière de la tête. Une autre lame, de la largeur de la première, s'enchâsse par le haut et par le bas. Le tout est recouvert d'une bande de gaze qui s'attache derrière la tête, et dont les bouts, brodés en or, descendent jusque sur les jambes. Cette coiffure, qu'on nomme *sarme*, doit envelopper la tête, de sorte que l'on ne puisse voir de cheveux que deux petits bouquets près des tempes, que l'on a bien soin de rendre fort noirs. Le reste est enfermé dans une queue couverte de rubans de diverses couleurs, et forme une grosse tresse, au bout de laquelle est attachée une plaque d'or, avec de petites chaînes de même métal, et trois cordons de soie. On place sur la tresse un ruban en dorure, qui la couvre depuis la *sarme* jusqu'à la plaque. Ces femmes ont en outre les bras garnis de trois anneaux d'or de la largeur d'un demi-pouce. Les plus riches entre-mêlent ces anneaux de plusieurs rangs de perles. Il y en a autant au bas des jambes; mais ces derniers doivent être gros de trois ou quatre pouces. Tous leurs doigts, et même les pouces, sont chargés de bagues, dont quelques-unes à deux chatons. Elles portent autour du cou plusieurs rangs de perles ou d'émaux, et une chaîne d'or dont les anneaux, larges de deux pouces, sont enchâssés les uns dans les autres : c'est une espèce d'esclavage qui se termine par une grosse perle, une boule ou poire d'or. La première pièce de leur habillement est une chemise de soie, rayée de diverses couleurs, dont les manches sont fort larges, travaillées et brodées en or, ainsi que le bas : il y a de ces chemises qui coûtent jusqu'à 5 et 600 francs. Elles mettent par-dessus un corset de drap serré et à courtes manches, qui se ferme par devant avec des petits boutons brodés ou des agrafes. Comme cette pièce ne passe pas les reins, on l'assujettit avec un morceau d'étoffe de soie ou de coton, de la largeur de deux grands mouchoirs, qui sert en même temps de jupe, en se nouant sur le ventre. Il est par conséquent ouvert par devant et découvre une partie des cuisses et toutes les jambes. Les Algériennes se servent aussi de pantoufles brodées, sans quartier ni talons. Tel est l'habillement qu'elles portent dans leur intérieur. Pour les jours de visite, on ajoute trois mantelets les uns sur les autres, qui descendent jusqu'au milieu des jambes et sont garnis près du sein d'une grande quantité de petits boutons brodés qui les assujettissent dans cet endroit. Ils sont aussi assujettis sur les reins par une large ceinture brodée et frangée, qui se noue près du côté gauche : l'étoffe de ces mantelets est ordinairement très-riche. Les manches en sont courtes et recouvertes par celles de la chemise, jusque sur les épaules; ce qui laisse les bras nus. Elles portent, en outre, une culotte brodée qui descend près des anneaux du bas des jambes, une paire de chaussons de velours ou de maroquin brodés en or, avec des pantoufles de la même couleur et brodées. Pour sortir, elles substituent à cette chaussure des pantoufles de maroquin noir à quartier, sans talons, dont le bout est carré, et par dessus la culotte elles en mettent une de toile blanche qui descend jusque sur les pantoufles. La partie inférieure de leur visage est couverte, depuis le nez, par un mouchoir blanc qui se noue sur la tête, et dont la pointe tombe sur la poitrine. Le tout est surmonté d'une ample pièce de gaze blanche, qui se double et redouble sur toutes les parties du corps, hors sur les yeux et les bras, que ces dames sont très-jalouses de montrer, et où la gaze est simple.

L'habillement des femmes de campagne est plus simple. Une casaque de grosse étoffe de laine blanche, au travers de laquelle elles passent la tête, les bras et les jambes, et qu'elles serrent autour de leur corps avec une ceinture de cuir ou de corde, est la principale et presque la seule pièce de leur ajustement; des bracelets de verre ou de corne, autour des bras; cinq ou six grands anneaux d'argent ou de laiton, pendus à chaque oreille; quelquefois un mauvais linge tortillé autour de la tête; les cheveux courts : voilà leur habillement et leur parure. Elles ne portent ni bas, ni souliers; et si l'on excepte les cheveux qu'elles conservent, et la barbe qui leur manque, elles ressemblent parfaitement aux hommes. Le sein même ne peut les décéler, car aucune saillie ne paraît sur leur estomac. Il ne faut pas oublier de parler du goût de toutes ces femmes, pour se faire dessiner des fleurs avec la pointe d'une aiguille, sur le menton, autour du cou et des bras. Cette opération se fait en piquant la peau, et en introduisant dans les piqûres du cumin, qui donne une couleur bleue à ces fleurs et les rend ineffaçables.

Les Mauresques, possédées en général d'une violente inclination pour le plaisir, ont les passions vives et sont d'un commerce très-agréable avec les personnes qu'elles affectionnent. Il paraît même qu'elles seraient susceptibles d'un attachement sérieux ; mais l'éducation détruit dans la plus grande partie tout ce que la pudeur et la sensibilité pourraient avoir semé de sentimens dans leur cœur. Elles sont nubiles de très-bonne heure ; aussi les marie-t-on à douze et treize ans. C'est à cet âge que ce malheureux sexe sort de l'esclavage paternel, pour passer sous la puissance d'un homme qu'elles n'ont jamais vu, qui les renvoie si elles ne lui conviennent pas, ou leur associe d'autres femmes pour partager ses froides caresses : triste et seul dédommagement d'une dure et pénible servitude.

Quelquefois le dey, ou les gens en place, disent à un Algérien : « Tu donneras ta fille en mariage à un tel, » (qui est une de leurs créatures) Le pauvre père promet humblement, et sacrifie sans observations la répugnance qu'il pourrait avoir à cette union au soin de conserver sa tête, ou tout au moins sa fortune. Les Maures sont les plus sujets à cette tyrannie. Dès qu'un mariage est arrêté de gré ou de force, l'on conduit la future au bain, pour la préparer et la disposer à passer dans les bras de son mari. Ensuite on la ramène à la maison paternelle, où elle est ajustée et parée par toutes les parentes et amies qui se trouvent ordinairement à cette cérémonie ; puis elle s'assied sur un canapé un peu élevé : on fait venir les musiciens : le bal commence, et les portes sont ouvertes pour toutes les femmes qu'attire la curiosité de voir la nouvelle épouse. Il est d'usage de lui adresser de grands complimens en entrant et en sortant, et surtout de lui souhaiter autant d'enfans que l'on compte de grains dans une grenade. Les parens se gardent bien d'oublier de mettre dans la poche de la mariée, quelques préservatifs contre les sortilèges ou enchantemens qui pourraient s'opposer à la consommation du mariage. Les Maures et les Turcs sont très-persuadés qu'il y a des personnes qui ont le secret de l'empêcher, et qui sont assez méchantes pour l'employer ce jour-là par préférence; mais un paquet de ciboules, de l'ail, du sel, etc., suffisent pour détruire le charme du plus habile sorcier. Le futur, qui s'occupe dans un appartement séparé à fumer et prendre du café avec les personnes qui viennent le visiter, a aussi le plus grand soin de se munir du préservatif. Ces cérémonies préliminaires durent sans relâche, chez les personnes un peu aisées, jusqu'au troisième jour; alors on conduit la future à son époux, au bruit que font les musiciens et les femmes qui l'accompagnent, et qui hurlent comme des bacchantes, en signe de joie et d'allégresse.

Les Mauresques sont aussi fécondes que les Européennes, quoique la plupart cessent de concevoir à trente ans; mais elles commencent de si bonne heure, et utilisent si bien de temps quand on veut les employer, qu'elles peuvent remplir la plus grande tâche dans un court espace. Il s'en rencontre peu qui fassent deux enfans à la fois; si jeunes qu'elles soient, elles allaitent elles-mêmes ceux dont elles accouchent. L'usage fréquent du bain influe tellement sur la densité de leur chair, qu'au premier enfant qu'elles nourrissent leur sein se déforme; et, comme toutes les parties charnues de leur corps, il perd toute consistance et toute fermeté. Elles ont l'aréole couleur d'ébène. Ces femmes sont fort attachées à leurs enfans tant qu'ils sont jeunes; une fois grands, elles ne sauraient plus les souffrir parce qu'elles pensent qu'ils ont reçu le caractère de leur père, les garçons surtout. Les Mauresques qui se marient avec des Turcs ont beaucoup de peine à cacher leur répugnance pour ces étrangers, qu'elles détestent intérieurement. Elles prennent aussi tout le soin possible d'inspirer cette aversion à leurs enfans dès l'âge le plus tendre. Toutes, en général, ont besoin d'un frein aussi fort que celui que leur a imposé le gouvernement pour rester dans le devoir et garder au moins les apparences. Les filles ne peuvent sortir sans leur mère, les femmes mariées sans être accompagnées d'une ou de plusieurs femmes. On distingue les premières par une culotte brodée qu'elles portent toujours, et par la pièce de gaze rayée de diverses couleurs qui les couvre ordinairement. Les femmes des grands ne sortent que la nuit, et lorsqu'elles vont à la campagne elles ont le privilége de faire ouvrir les portes de la ville.

Les femmes indistinctement, et les filles qui ne figurent point sur le rôle des femmes publiques, sont jetées à la mer, une pierre au cou, lorsqu'elles sont accusées d'un commerce illicite avec un homme, et celui-ci reçoit une certaine quantité de coups de bâton sur la plante des pieds. Un esclave chrétien, en pareil cas, est pendu ou a la tête coupée; un chrétien libre aurait peine à racheter sa vie, et subit le même châtiment lorsqu'il est trouvé avec une femme publique.

Deux jours après mon arrivée à Alger, on vint me demander si je voulais descendre pour voir une fille que l'on conduisait à la mer : je courus, et j'aperçus effectivement une jeune personne de dix-huit ans environ, que deux sbires tenaient par la main; la populace suivait, et je remarquai dans la foule un homme et une femme qui accablaient d'injures la malheureuse victime. Je demandai quel était le motif d'une pareille exécution : on me répondit que cette Mauresque aimait éperdument un jeune Turc, et qu'elle avait été surprise lui accordant ses faveurs; que le père indigné ayant dénoncé le crime, il en était résulté la condamnation au châtiment usité dans ces circonstances. On m'ajouta que le dey avait représenté à ce barbare qu'il pouvait sauver sa fille en la mariant avec son amant, ou en la faisant inscrire sur le rôle des femmes publiques; mais le père inflexible voulut justice, parce qu'elle était affreuse, parce qu'elle manifestait son aversion pour la nation dominante; et c'étaient lui et sa femme qui injuriaient leur fille tandis qu'elle allait au supplice. Arrivée au bord de la mer, on la fit entrer dans un petit bateau; là, les sbires, après lui avoir couvert la tête d'un sac, lui attachèrent une pierre au cou, et la précipitèrent dans les flots près de l'entrée du port. Ces exemples, quoique multipliés, n'empêchent point les femmes de rechercher les plaisirs défendus; aussi le grand nombre d'infractions pareilles détermine-t-il quelquefois les juges à commuer le châtiment prononcé par la loi en une peine pécuniaire, qui a l'avantage de remplir mieux les vues fiscales et spoliatrices de ce gouvernement.

Un autre jour, un esclave chrétien fut surpris dans une maison de femmes publiques; d'abord on le conduisit en prison. On arrêta aussi le Turc qui l'avait mené chez ces femmes, et aussitôt on lui coupa la tête. Le lendemain, contrairement à ce qui a lieu en pareil cas, on égorgea le chrétien, quoiqu'il eût beaucoup d'argent à offrir pour sa grâce; il est vrai qu'on soupçonnait le criminel d'avoir volé cet argent dans la maison du dey, où il avait demeuré pendant quelques années. Les femmes, au nombre de trois, qui avaient reçu cet esclave, avaient été pareillement incarcérées; mais elles firent faire des propositions pour obtenir leur grâce: on la leur accorda moyennant une forte somme que deux d'entre elles ne purent payer; en conséquence, elles furent noyées à la manière accoutumée.

Ces exemples, comme je viens de le dire, n'en imposent point aux Algériennes; soit incontinence, soit mépris de la mort, elles refusent rarement les hommes qui sollicitent leurs faveurs, les chrétiens surtout. Elles trouvent une grande ressource dans les maisons juives pour les rendez-vous; et les maris, qui sont souvent dehors, laissent à leurs femmes des occasions dont elles savent très-bien tirer parti; elles se rendent auprès de leurs amans, ou les introduisent chez elles par les terrasses sur lesquelles on peut parcourir une partie de la ville en passant de l'une à l'autre.

Les Algériennes ne sortiraient pas de chez les Européens si elles avaient la permission d'y venir sans leur père, frère ou époux : elles trouvent les meubles très-commodes, les lits très-agréables et les usages charmans. Mais ce qui leur paraît délicieux, c'est d'être environnées d'une troupe d'hommes empressés à leur plaire. Elles sont étonnées de voir les femmes d'Europe prévenues et caressées par leurs époux, tandis qu'elles ne reçoivent que des grossièretés et du mépris, des sauvages despotes à qui elles sacrifient leurs charmes et leurs inclinations. Elles regardent d'un œil d'envie le sort des Européennes, qui, disent-elles, ne craignent pas d'avoir de rivales dans leurs propres maisons, ni d'être renvoyées sous prétexte de maigreur, stérilité, dégoût; enfin, c'est en Europe qu'est le vrai bonheur. Je crois qu'elles se rendraient dignes de l'obtenir tout entier, si elles étaient maîtresses de leur choix, et qu'elles rencontrassent un attachement égal au leur, ou qu'au moins leurs caresses ne fussent pas souvent repoussées avec dureté. Leur accent est si doux, en parlant le langage le plus rude et le plus désagréable, qu'on est enchanté d'entendre leur conversation avec les hommes qui ont touché leur cœur. Les dernières paroles qu'elles profèrent expirent toujours sur leurs lèvres; mais leurs yeux, dans lesquels se peignent en caractères de feu les sentimens qui les affectent, portent, dans l'âme de celui sur qui elles les arrêtent, tout le désordre qu'elles éprouvent.

On ne saurait s'imaginer combien la différence est grande entre les Mauresques et les Juives de ce pays. C'est la chose du monde la plus singulière que de voir naître sous un même ciel, dans le même pays, dans les mêmes maisons, des êtres qui n'ont aucune ressemblance.

Le caractère physique des Juives, si étranger aux autres femmes de ce climat, devient inexplicable. Le sang qui coule dans leurs veines est de glace, tandis qu'il est de feu chez les Mauresques. Celles-ci, d'ailleurs, sont gaies, tendres, sensibles, quoique vives, ardentes même. Leur cœur, leur âme, et toutes leurs facultés semblent n'exister que pour le plaisir, que pour les jouissances des sens, et quelquefois celles des sentimens; mais les femmes juives, les plus faciles à débaucher qui soient dans le monde, et les plus crapuleuses quand elles peuvent s'abandonner, n'ont surtout à Alger que la faiblesse et les incommodités de leur sexe. Fades, insipides, leur corps, mollement organisé ne s'émeut jamais à la voix du plaisir : le cœur ne les guide point dans leur choix, et, pour se livrer à un homme, elles ne consultent que leur ambition, leur avarice et leur orgueil.

Elles ont si peu d'agrémens dans l'esprit, qu'elles ne savent pas même donner à l'inconstance le piquant nécessaire pour exciter des regrets. Sans passions, elles n'en font point naître : si parfois elles éveillent le désir, elles ont aussi le rare talent de le satisfaire promptement, et l'avantage de ne jamais mériter deux jours de suite les attentions d'un homme. Les Mauresques, au contraire, ont une infinité de ressources dans l'esprit : profondément dissimulées, elles parviennent à rire à côté du dégoût et de l'ennui.

L'ignorance grossière et la profonde superstition des Turcs et des Maures servent à ces femmes fines et adroites pour couvrir les petites irrégularités de leur conduite : par exemple, un mari qui voit accoucher sa femme six mois seulement après qu'il a dû la croire enceinte, n'est point ici dans le cas de se fâcher ni de prendre le moindre soupçon; il écoute sa moitié, et vous, dit avec la plus naïve franchise du monde : *Dios mandado per mi* (Dieu me l'a envoyé); il regarde sérieusement comme une faveur du ciel d'avoir un enfant trois mois plus tôt qu'il ne devait l'attendre. Un autre, dont la femme accouche après un an de séparation, apprend la nouvelle, et dit que l'enfant s'est endormi dans le sein de sa mère, parce qu'elle n'a point été tourmentée pendant sa grossesse. Cependant ce malheureux sexe, qui paraît quelquefois jouir de l'empire que ses charmes lui donnent sur les hommes, n'est, aux yeux des Maures et des Turcs, en général, qu'un être purement matériel, placé sur la terre pour le plaisir et la commodité du premier de tous les êtres, l'homme. C'est d'après les principes établis sur cet axiome qu'on élève, qu'on instruit, qu'on traite les femmes dans ce pays. Dès qu'une fille sait prononcer le nom de son père, on lui fait partager la servitude de sa mère : elle reste enfermée avec elle, sans autres secours que ceux que peut lui procurer une femme qui n'a appris qu'à souffrir, qu'à dissimuler ses chagrins, ses alarmes, qu'à sentir et à pleurer sur son existence; qui n'a appris que des postures indécentes, lascives; qu'à connaître la faiblesse et la turpitude des hommes; qu'à disputer avec d'autres esclaves le misérable prix d'une infinité d'ordures. Cet enfant devient la copie de son modèle, sans doute; mais il n'en faut pas davantage pour satisfaire le maître incivilisé à qui elle unira un jour sa destinée. Une femme n'est que rarement consultée par son mari, ou informée sur ses affaires. Selon les Algériens, la religion (disons le mépris) s'oppose à cet acte de confiance.

Le culte public est défendu aux Mauresques; on leur a seulement laissé le privilége d'aller pleurer, boire et manger, brûler des lampes, planter des fleurs sur la sépulture de leurs époux; et l'on a pensé, en leur imposant ces pratiques comme un devoir le vendredi, que c'était assez les faire participer aux cérémonies de la religion. Lorsqu'un Turc ou un Maure est expiré, sa femme et ses enfans, du moins ses filles s'il en a, assemblent leurs parentes, leurs amies, et vont ensemble pendant huit jours passer une partie de la matinée dans le cimetière du défunt, où l'on a eu la précaution de dresser une petite tente. Là, assises en rond autour de la fosse, elles se livrent à toutes les occupations que je viens d'énumérer ; l'une de ces femmes fait l'oraison funèbre de l'enterré, en rappelant aux autres les bonnes qualités qu'il avait, celles qu'il aurait pu avoir, sans oublier ses défauts et ses vices ; la séance se termine toujours par une partie de dîner chez l'une des pleureuses. Les Algériennes poussent des hurlemens affreux, se déchirent le visage, s'arrachent les cheveux quand il meurt quelqu'un dans leur famille ; mais cette violente douleur ne dure qu'autant que l'usage le prescrit. Il n'y a peut-être point de pays au monde où les femmes expriment avec plus de véhémence et de force les caractères du désespoir ; il n'y en a peut-être point non plus où ces caractères soient sitôt effacés. La mélancolie ne tue point les Algériennes : elles pleurent avec beaucoup de facilité, mais leurs larmes se sèchent bientôt; elles en répandent cependant de bien réelles à la mort de leur mari, quand elles sont sûres d'être dépouillées par le gouvernement ou par leurs enfans, comme il arrive assez souvent à Alger.

Les dames de ce pays, lorsqu'elles vont en campagne, montent une mule sur laquelle est attaché un bât garni, aux deux côtés, d'une petite échelle large de deux pieds et demi et haute de trois; quand la dame est assise, les jambes croisées sur un coussin qui est placé entre ces deux montans, l'on prend une couverture que l'on arrange autour d'elle, en l'appuyant sur les échelles, ce qui forme une petite tour carrée où le jour ne pénètre que par le haut. Le commun va à pied; et le plus souvent le mari, porté sur une mule ou un âne, chasse toute sa famille devant lui, à l'instar des Nomades.

Les femmes publiques se rencontrent en très-grand nombre dans cette contrée, contre l'usage musulman; elles sont sous la direction de l'exécuteur de la haute justice, appelé *mésouar* ou *mezovard*, qui en tient une liste; c'est à lui qu'on s'adresse pour les avoir. Un soldat, un particulier, Turc, Couloglis, ou Maure, lui fait savoir celle qu'il désire le lendemain, à telle heure et pour tel prix, qui est, dit-on, fort modique. Le mésouar donne ses ordres, et tout s'arrange au gré des parties. Si le particulier ne connaît aucune de ces femmes, il demande la première venue : le prix qu'il donne décide de la qualité et de la beauté de l'objet. Les filles ainsi enrôlées ne craignent rien des poursuites de leurs parens; du moment qu'elles se dévouent à la prostitution, on les regarde comme utiles au gouvernement; elles le sont en effet : 1°. parce que c'est l'attrait le plus séduisant qu'on puisse offrir aux jeunes Turcs pour les engager à quitter leur patrie; 2°. parce que ces femmes doivent payer tous les mois un impôt qui ajoute au revenu annuel du gouvernement des sommes considérables. Le mésouar, qui surveille cette classe de femmes, est aussi chargé de la perception de cet impôt.

CHAPITRE V.

GOUVERNEMENT ALGÉRIEN.

Origine de ce gouvernement.— Sa nature. —Le dey. — Son élection. — Histoire de Baba Mahomet. — De Baba Aly.— D'un maître d'école devenu dey.— D'Aly Bassa.— d'Omar Aga. — Occupation journalière du dey. — Sa maison. — Sa garde. — Ses ministres et officiers. — Hazenadar. — — Chiaoux. — Hazenagi. — Aga. — Kogia Cavallo. — Wekil-Ardjy.—Raïx, ou capitaine de navire.—Pitremelgi.— Kogias. — Uzansa.—Anecdote.—Cadi. — Mufti. — Imans. —Milice du pays. — Divan. — Aga du bâton, président du divan. — Célébration de la fête du Baïram. — Supplice de la bastonnade, de la corde, de la hache, du ganche.— Administration des provinces. — Beys.

BARBEROUSSE, qui succéda à son frère aîné, usurpateur du trône d'Alger, était aussi jaloux de la prospérité et de l'agrandissement de l'empire ottoman que digne d'en soutenir la gloire.

Cette disposition d'esprit jointe à la crainte d'une révolte générale l'engagea à se placer sous la protection de la Porte. L'habile guerrier battit et chassa les ennemis des Maures, mais il finit par les soumettre eux-mêmes à la puissance de son maître. Leur pays fut divisé en trois provinces : Alger, Tunis et Tripoli, et commandé par trois pachas que la Porte y envoya.

Les Turcs, qui s'étaient successivement établis à Alger, mécontens de la tyrannie des pachas, les chassèrent et secouèrent totalement le joug au commencement du siècle dernier. Ils reconnurent leur dey pour seul souverain, lui donnèrent tous les droits de la royauté, en lui associant un divan ou conseil composé des plus anciens soldats de la régence, avec ces clauses, que cette première dignité de l'état serait élective, que le dey serait toujours pris parmi les seuls Turcs, et qu'à son élection il ferait hommage au Grand-Seigneur.

La Porte, affaiblie alors par ses conquêtes même, dissimula son mécontentement, et parut se résigner sans difficulté au vain titre de protectrice; mais, soit intrigue ou plutôt insouciance, elle n'a pas tenté depuis de soumettre ces rebelles. Le dey, à son élection, envoie un ambassadeur à Constantinople, chargé de présens pour accomplir la formule ordinaire, et le Grand-Seigneur, satisfait de cette espèce d'hommage, expédie à son tour un cafetan au nouveau promu, par un officier subalterne qui est reçu à Alger avec les marques de la plus grande distinction, et qui n'y reste cependant que le temps nécessaire pour sa mission. S'il voulait passer le terme, il serait éconduit, et c'est ce qu'on a vu plusieurs fois. Le besoin de recrues est je crois le premier motif qui a fait établir la cérémonie de l'hommage. La crainte des événemens de la guerre a contribué à l'entretenir. Les Algériens ménagent la grande ressource, la mère-patrie, qui leur paraît encore plus redoutable qu'elle ne l'est réellement.

En secouant le joug, les Turcs n'imaginèrent pas qu'il pût y avoir un meilleur gouvernement au monde que celui de la Porte ottomane : aussi ce fut celui qui leur servit de modèle, et ils lui donnèrent l'apparence d'une aristocratie militaire. Ils ont cru que c'était illustrer un vieux soldat et pourvoir à son existence, que de lui assurer un emploi qui le rapprocherait un moment du prince, qui le ferait considérer comme un des chefs de l'état, après en avoir été le soutien. Le gouvernement est despotique, et le divan, qui jouissait autrefois d'une autorité indépendante, a perdu ses prérogatives, et n'est plus consulté maintenant que lorsque le dey le juge à propos.

Quoique le dey d'Alger soit despote, sa puissance est pourtant précaire et soumise au caprice d'une poignée de soldats féroces qui lui font sentir de temps en temps qu'il doit céder à leurs volontés. Sa déposition est toujours suivie de la mort, et ce n'est pas dans sa famille qu'on cherche un successeur; au contraire, sa femme, ses enfans et ses plus proches parens sont, pour l'ordinaire, dépouillés par ce successeur, qui peut être le dernier soldat de la régence. Le plus hardi à monter sur le trône est celui qui a un meilleur parti pour s'y soutenir.

Il arrive qu'à ces élections, qui n'en sont point, comme l'on voit, puisque le premier venu peut se placer sur le trône et s'y maintenir sans l'approbation du divan que l'on n'assemble qu'après que le dey est reconnu, il arrive, dis-je, et presque toujours, que, pour parvenir au pouvoir suprême, ce chef est obligé de passer sur plusieurs cadavres de prétendans égorgés. Cependant, l'ordre pour la succession paraît établi, et le principal ministre est le seul désigné : c'est un vrai Turc, le premier de la régence après le dey; mais il est rare qu'il soit élu : la chose dépend du moment. Aussitôt que le prince ferme l'œil, tous ceux qui l'environnent mettent le sabre à la main, pour conduire au trône les candidats qu'ils protégent. Si le premier placé est assez heureux pour faire hisser le pavillon qui se trouve au-dessus de la porte du palais, et entendre du trône le premier des coups de canon qui doivent répondre à ce signal, il est reconnu. L'on ouvre la porte du palais, le divan s'assemble à ses côtés, et chacun s'empresse de lui baiser la main et de le féliciter, ceux même qui, un instant auparavant, avaient le sabre levé pour lui disputer le pouvoir. Il n'est pourtant point tout-à-fait inusité de voir un *hasenagi*, ou premier ministre, succéder au dey. *Baba-Mahomet*, qui régnait dans le dernier siècle, en fournit un exemple signalé. Il est vrai qu'il était aimé, respecté; il est vrai que les grands de son temps étaient sans ambition, la milice peu nombreuse et fort tranquille. Le *kogia-cavallo* avait seul un parti et quelques prétentions au trône; cependant il ne fit que de faibles mouvemens. Baba-Mahomet donna une preuve d'humanité trop rare parmi ses pareils, en se contentant de reléguer ce concurrent, sans le dépouiller, dans une ville de l'intérieur du royaume, où il a fini paisiblement sa carrière. Mais un autre aurait ordonné de l'étrangler, et cela n'eût point paru odieux. L'usage établit des monstruosités dans les gouvernemens despotiques qui sont quelquefois nécessaires.

Les Turcs nomment le dey, *effendi*, qui signifie seigneur dans leur langue. Les Maures le nomment *baba*, qui signifie père en arabe, et les Européens le nomment *patron-grand*, qui signifie grand-maître en petit mauresque.

Baba-Mahomet, avait été recruté dans un village de Caramaine où il avait pris naissance ; il fut conduit fort jeune à Alger et reconnu impuissant ; cependant il n'en eut pas moins d'estime : il se comporta même, dans son service militaire, de façon à mériter les éloges de ses supérieurs et la considération de ses camarades. Naturellement froid et sans passions, il employait à la réflexion les momens que les hommes de son âge donnaient au plaisir. Il aimait à être seul ; aussi de très-bonne heure il quitta la caserne pour prendre une petite boutique, afin de pouvoir se livrer sans contrainte à son penchant le plus doux. Vivant de peu et couchant sur la dure, le jeune Mahomet vendait des souliers et gagnait assez pour ses besoins modérés ; il avait borné son ambition à pouvoir les satisfaire, et chaque jour il voyait ses désirs remplis lorsqu'un beau matin un *chiaoux* vint le chercher de la part du dey. Quel étonnement pour ce pauvre cordon-

nier qui pensait n'être pas connu du chef suprême de l'état! Il fallait marcher, il marcha. Mais à quelles réflexions ne se livra-t-il pas le long du chemin! Qu'ai-je fait? se disait-il à lui-même, que me veut-on? Rien du tout : car sitôt qu'il eut baisé sa main, le dey le renvoya, en disant qu'on s'était trompé. Pour comprendre cette aventure, il faut savoir que la place de *kogia de la porte*, écrivain de la porte, ou capitaine des gardes, était vacante, et que le dey avait ordonné au *chiaoux* d'aller chercher, pour remplacer celui qui la quittait, un nommé Mahomet le Roux, qui demeurait dans une petite boutique. Notre homme se nommait Mahomet, il avait une petite boutique, et, pour compléter sa ressemblance avec le Mahomet demandé, il avait le poil roux. C'est surtout dans les gouvernemens despotiques que la fortune étonne par la bizarrerie de ses caprices. Comme Mahomet tournait humblement le dos pour regagner son modeste asile, le dey fit réflexion et dit :
« *Kischmet :* cela est écrit. Dieu a permis que
» cet homme eût assez de ressemblance avec
» celui que j'avais demandé, pour que le
» *chiaoux* se soit trompé. Peut-être a-t-il quel-
» ques desseins sur lui. *Halla selamet langeot*
» *ursane* (que Dieu le bénisse et qu'il prospère).

» Qu'on l'installe dans la place que j'avais des-
» tinée à ce Mahomet le Roux, qui n'est pour-
» tant pas lui, et qu'il vive heureux. »

Ainsi Baba-Mahomet commença sa fortune. De cette place il passa à celle de hazenagi, d'où il sortit pour régner, de l'aveu public et sans effusion de sang, ce qui ne s'était peut-être jamais vu.

Ce pauvre cordonnier, à l'âge de soixante ans, a porté sur le trône des vertus et des qualités dont s'honoreraient les plus grands rois du monde. Il était sage par tempérament, humain, prudent, réfléchi ; il se possédait bien, parlait peu et avec beaucoup de douceur : il était aussi juste que possible envers les hommes qu'il commandait, laborieux, sobre et zélé disciple de Mahomet. Voilà ses qualités dominantes, qu'une avarice sordide aurait détruites sans doute, si beaucoup de vertus innées n'avaient été sans cesse en opposition avec les élans d'un vice enraciné et dangereux chez un chef despote.

Quel dédommagement pour celui dont la condition obscure laisse un intervalle immense entre le trône et lui, de voir des vertus ennoblir ses semblables ; de voir dans presque tous le germe du génie et des talens qui font l'homme d'état! Le Turc algérien, croupissant dans la fange où il est né, passe rapidement de l'état le plus abject à la place la plus éminente; et, comme un diamant brut sortant des mains du lapidaire, il jette un éclat subit qui fait disparaître l'obscurité de sa naissance et le rend souvent l'égal des grands rois.

Baba-Ali, prédécesseur de celui-ci et son bienfaiteur, joignait à toute la rusticité d'un pirate la simplicité, la franchise et la générosité d'un brave soldat. Il disait souvent à un esclave napolitain auquel il était attaché : « Remarque
» un peu combien la Providence est grande, et
» comment elle distingue, conduit, élève les
» hommes qui doivent commander aux autres :
» il y a quarante ans, je gardais les moutons
» dans un village d'Asie, aujourd'hui je suis roi!
» Et grand roi, ajoutait l'esclave, puisque tous
» ceux de l'Europe recherchent et achètent ton
» amitié. »

Soit bravoure, soit habitude, il avait de commun avec le héros du Nord, Charles XII, un geste menaçant dont il n'était pas le maître. Au moindre bruit, au plus petit mouvement extraordinaire, il portait la main sur son *yatagan* (sabre), et n'épargnait pas ceux qui l'avaient provoqué s'ils se présentaient devant lui dans ce

premier moment. Quand il lui était arrivé de condamner à mort, ou d'égorger quelqu'un de sa propre main, dans un de ses emportemens, son esclave chéri le boudait; mais aussitôt que le dey s'en apercevait, il lui demandait : « Qu'as-tu? » L'esclave ne répondait pas, ou répliquait : « Rien. » Le dey jurait, s'emportait et voulait savoir la cause de ce silence. Alors l'esclave prenait un ton dogmatique, et lui disait : « Tu veux
» savoir ce que j'ai! ne le vois-tu pas? ne vois-tu
» pas que je suis affligé des meurtres que
» tu commets chaque jour, à chaque mo-
» ment! Pourquoi as-tu fait mourir telle ou telle
» personne aujourd'hui? ne pouvais-tu pas at-
» tendre que ta fureur fût passée pour juger de
» sang-froid? Toi-même tu es un bourreau. Tu
» ne crains pas de te montrer aussi sanguinaire
» que le plus grand scélérat des casernes. Ap-
» prends qu'un roi ne doit que pardonner; mais
» tu n'es pas roi, ajoutait-il, tu n'es qu'une bour-
» rique. » Le dey écoutait cette harangue dans un profond silence, et après le mot bourrique, qui la terminait toujours, il répondait : « *Per Dios, ty parlar jouste!* » (Par Dieu, tu dis vrai!)

Malgré l'attachement que Baba-Ali avait pour cet esclave, il ne put refuser de lui rendre la liberté quand celui-ci parut la désirer. Le dey lui

représenta qu'il était son ami, qu'il pouvait disposer de ce qui lui appartenait. « Je ne te for-
» cerai point à changer ta religion contre la
» mienne, lui dit-il, quoique ce soit pour toi le
» plus sûr moyen de parvenir aux emplois qui
» conduisent à la fortune; je ne gênerai point
» ton opinion pour te faire du bien; suis le
» mouvement de ton cœur; de loin ou de près
» je serai ton ami, et ma reconnaissance surpas-
» sera toujours les sentimens que tu auras pour
» moi. Sois libre comme l'est le soleil de faire le
» tour du monde toutes les vingt-quatre heures;
» pars, et daigne accepter les gages que je veux
» te donner de mon amitié. » On dit qu'effectivement ce prince barbare le combla de biens en pleurant sa perte, et que, voulant mettre le sceau à ses largesses, il lui donna un joli bâtiment pour le conduire dans sa patrie. On ajoute encore qu'afin d'avoir occasion d'enrichir cet esclave, sans l'obliger à la reconnaissance, le dey nolisa le bâtiment pour aller chercher du blé dans un port du royaume et l'apporter à Alger; mais l'esclave ayant fait le chargement, au lieu de retourner dans cette ville, se dirigea sur l'Espagne, où l'on dit que cette ingratitude indigne, cette odieuse friponnerie fut regardée comme une espièglerie fort ingénieuse.

Ce n'est donc pas seulement chez les peuples policés qu'on trouve des hommes sensibles et généreux, seulement chez des barbares qu'on trouve des hommes sans foi et sans reconnaissance.

Ce même Napolitain, qu'on appelait *capitanchique* en bas mauresque, petit capitaine en français, fut assez hardi pour revenir à Alger, deux ans après cette action. En paraissant devant le dey il voulut s'excuser : « Ton excuse » est dans mon cœur, » lui dit Baba-Ali, que la présence de ce traître avait d'abord fait pâlir. « En te voyant j'oublie que tu as pu me trom- » per. » L'esclave exalta l'amitié qu'il avait pour son cher maître avec toutes les démonstrations de la plus vive tendresse. « Enfin, je ne » pouvais pas vivre sans te voir, dit ce fourbe. » — « Tu m'as vu, c'en est assez, répondit le » dey ; pars sur-le-champ. Mon amitié ni ma » puissance ne pourraient pas te garantir du » ressentiment de mes sujets que ton ingratitude » a indignés ; tes jours ne sont point en sûreté » et ils me sont encore chers. Adieu ! tu rece- » vras de nouvelles marques de mon attache- » ment : accepte-les, et souviens-toi toujours » que le meilleur de tes amis est le roi d'Alger. » Ce prince lui tint parole jusqu'au dernier moment de sa vie.

Le trône des souverains d'Alger est élevé sur un volcan qui menace incessamment de les engloutir; ceux même qu'ils ont préposés à leur sûreté donnent le signal de l'éruption. Si la paix dure trop long-temps au gré de ces brigands affamés de pillages et de rapines, si le succès n'a pas couronné une expédition, s'ils soupçonnent quelque partialité dans la distribution du butin, si le paiement de la solde souffre le moindre retard, la vie du dey court les plus grands dangers. La révolte s'éveille en fureur, et c'est en vain que ce chef essaie de la calmer par toutes sortes de promesses. Son sort est décidé; il doit cesser de régner et de vivre en même temps. Mais si les soldats se montrent sans pitié envers le dey qu'ils ont résolu de précipiter du trône, ils restent sourds également aux plus vives instances de celui qu'ils veulent porter au faîte du pouvoir, et qui redoute ce périlleux honneur. Ils lui font violence pour le mettre à leur tête, et cela ne les empêchera pas de lui arracher le sceptre et la vie au moindre prétexte de mécontentement. Un jour leur choix tomba sur un pauvre maître d'école qui n'avait jamais aspiré au premier poste de l'état, et qui se serait même estimé très-heureux de ne point abandonner ses humbles mais paisibles fonctions. Il lui fallut accepter le pouvoir suprême, et, peu fait pour ce haut rang, il y conserva un amour de la paix et une douceur qui ne tardèrent pas à amener son heure fatale. L'ordre lui arriva de quitter le pachali. Il ne fit pas difficulté d'obéir, croyant qu'une prompte soumission amollirait des cœurs d'airain, et qu'il en obtiendrait au moins la faveur de retourner à ses élèves et de finir ses jours dans l'obscurité. Vain espoir! « Cela n'est pas possible, lui dirent les révoltés; telle n'est pas la coutume. Vous étiez dey, vous avez régné; vous ne pouvez plus régner, et vous devez mourir. »

C'est une chose si rare et si extraordinaire qu'un dey ne soit pas égorgé, que toutes les fois que ce miracle a lieu, celui qui est mort dans son lit est vénéré à l'égal des saints.

L'un des plus longs règnes qu'ait vus Alger fut incontestablement celui d'Ali-Bassa; ce règne dura sept ans; mais aussi Ali-Bassa, qui portait le titre de haggi, parce qu'il avait fait le pèlerinage de la Mecque, fut un des despotes les plus sanguinaires d'Alger. Les turbulens janissaires plièrent sous cette main impitoyable qui n'hésita jamais à verser le sang qu'il croyait le moins nécessaire à la sûreté de son pouvoir. Accessible au plus léger soupçon, les bourreaux étaient prêts quand le soupçon avait commencé. Cependant sa mort n'arriva pas selon le cours ordinaire de la nature. En 1814, il périt par le poison que lui administra un de ses cuisiniers qui craignait pour lui le sort auquel ce barbare en avait condamné tant d'autres. Un vieil officier fut élu après la mort d'Ali-Bassa ; mais son règne de quelques jours lui coûta promptement la tête.

Omar Aga remplaça ce monarque éphémère. De brillans succès dans la guerre avaient attiré l'attention sur lui. Au moment de son élection, il était âgé de quarante-cinq ans. Doué d'un extérieur imposant, de talens distingués, d'un courage et d'une résolution peu commune, il avait conquis l'admiration de ses troupes, et ces hautes qualités, jointes à l'affabilité de son caractère, à sa présence d'esprit habituelle, l'avaient désigné de bonne heure comme le successeur d'Ali. Celui-ci haïssait un si redoutable compétiteur, et tenta plus d'une fois de faire tomber sur lui sa vengeance. Un jour même il envoya un chiaoux avec l'ordre de le tuer ; mais Omar Aga résolut d'opposer à cet ordre fatal, une défense que nul autre n'aurait osé se permettre dans ce pays où l'exécuteur des hautes œuvres obtient une obéissance prompte de sa victime, et au besoin appui et main-forte des autres habitans. Omar se retira dans une des casernes, et défia le ministre du dey d'avancer jusqu'à lui. Pendant tout le temps qu'il a occupé le trône, il a déployé une grande fermeté de caractère. C'est lui qui régnait à l'époque de l'expédition de lord Exmouth. Irrité de la défaite qu'il venait d'essuyer, il haranguait la populace du haut de son palais, et s'écriait avec une ardente colère : « Non, nous » ne sommes pas vaincus, ou, si nous l'avons été, » c'est par des armes inconnues parmi nous, la » corruption et la perfidie : nous avons combattu » en vrais musulmans, et notre réputation s'éten- » dra au loin. Les lâches meurent et on les oublie; » mais le brave en périssant laisse un nom dont » on se souvient, et une gloire qui augmente » celle de son pays. »

Cependant Omar n'évita pas le tragique destin de ses prédécesseurs. En 1817 les janissaires se portèrent en foule à son palais. Omar appela vainement à son secours les officiers de l'artillerie et de la marine. Il demanda alors aux janissaires ce qu'ils voulaient. Qu'un individu sorte, répondirent-ils. Ces mots lui annonçaient clairement le sort qui l'attendait; il offrit, pour s'y soustraire, de doubler la paie du corps, et n'essuya qu'un nouveau refus suivi d'un ordre impérieux de descendre. Le malheureux dey, voulant du moins ne pas périr sans défense, tira le sabre;

mais il fut accablé par le nombre; les janissaires forcèrent le palais, se saisirent d'Omar et l'entraînèrent chargé de liens à la place des exécutions publiques, où il fut inhumainement étranglé. Cette révolution s'opéra dans l'espace d'une heure.

Les deys, lorsqu'ils sont sur le trône, ont des occupations réglées. Tous les jours de la semaine, hors les jeudis et les vendredis, le dey, aussitôt après la prière du matin, va se placer sur son trône dans la salle du divan ou sous le hangar des miroirs. Assis sur une peau de lion, il reçoit la visite de tous ses ministres; ensuite a lieu le baise-main : il est bon de savoir que personne n'a le droit de lui parler, sans que préalablement on n'ait satisfait à cette cérémonie. Les Européens, consuls et autres, n'en sont pas plus exempts que les Maures. Les grands, à l'instar du chef, présentent aussi la main dont les Maures et les Turcs baisent le dessus et le dedans par adulation; mais les étrangers se contentent de la leur toucher. Après le baise-main, le dey s'entretient des affaires, dont chacun lui rend compte pour ce qui le regarde; bientôt tous se retirent afin de vaquer aux fonctions de leurs emplois; alors, resté seul avec le hazenagi ou principal ministre, et les quatre secrétaires d'état, qui sont assis à ses côtés sur un tapis et devant de gros livres, il s'occupe de choses relatives aux circonstances présentes, et reçoit les particuliers qui ont des affaires à traiter avec lui. Il rend la justice à ses sujets avec une célérité et un zèle extraordinaires. Le jeudi est consacré aux affaires domestiques du dey, et le vendredi se passe presque tout entier dans des exercices de dévotion à la grande mosquée.

La maison du dey est composée d'un grand et petit cuisiniers, emplois honorables qui conduisent quelquefois au trône. Ils sont toujours remplis par de vrais Turcs. Ces officiers inamovibles n'inspectent pas seulement les cuisines, ils doivent mettre la main à l'œuvre, pour un plat, tout au moins, qu'ils n'oublient pas de désigner au patron en le servant. Ils ont à leurs ordres une trentaine de jeunes esclaves, qu'ils chargent des détails de la maison.

Le *hazenadar*, trésorier particulier, ou pour mieux dire valet de chambre, est la troisième personne de la casa de rei; son emploi, qui ne peut être occupé que par un Turc, est très-important pour obtenir des grâces.

Vient ensuite le *kogia* de la porte, écrivain de la porte et capitaine des gardes. Cet officier commande cinquante hommes, appelés *nou-*

bagis. Ces gardes sont vêtus à l'algérienne; armés d'un sabre et d'un pistolet seulement; il en est de même du capitaine, qui n'a aucune distinction. Ils doivent tous se mettre en place, à côté les uns des autres, en ouvrant la porte du palais, et ne peuvent s'éloigner de leur poste qu'en la fermant. Ils sont nourris de la cuisine du dey, pendant l'année qu'ils sont obligés de passer à sa porte, et ne sont pas mieux payés que tous les autres soldats; quelques légers cadeaux que leur font les beys et les caïftes, lorsqu'ils viennent rendre leurs comptes, sont les seuls dédommagemens qu'ils reçoivent pour avoir été assis pendant un an de suite. Leur capitaine n'est pas mieux traité; mais son emploi, qui est celui de portier proprement dit, peut le conduire au trône. Il est changé tous les deux ans, s'il ne plaît pas au dey de le continuer. Toute cette garde couche dans la maison du dey, partie près de la porte, partie sous le hangar des Miroirs, où est la petite *hazena*. Il leur est défendu, sous peine de mort, de monter aux appartemens; les grands cuisiniers, le *hazenadar*, les ministres, et quelques familiers, sont les seuls Turcs qui aient ce privilége. Au surplus, la porte qui y mène est soigneusement fermée tous les soirs par les esclaves chrétiens, sur la fidélité desquels le prince se repose pour sa conservation et ses besoins. Ce qui ferait croire que les gardes sont uniquement destinés pour le trésor, c'est que le dey, en sortant, n'est jamais accompagné que par des *chiaoux* ou messagers d'état, et quelques valets.

Il y a seize chiaoux turcs, commandés par un officier, appelé l'aga des deux lunes; ce nom lui vient de ce que les Turcs appellent le mois, lune, et que cet officier n'est en fonction que pendant deux mois. Le jour de la paie, qui se fait tous les deux mois, le dey nomme un des plus anciens chiaoux pour occuper cette place. Son devoir est de veiller à la police des Turcs, et à ce que les ordres du dey, qui sont toujours transmis par les chiaoux, soient bien exécutés. Les chiaoux portent une robe verte qui descend jusque sur les jambes, et dont les longues manches se terminent en pointe par-dessous; cette robe est serrée sur le corps par une large ceinture. Ils ont la tête couverte d'un petit bonnet de peau blanche, dont le bout est recourbé par derrière. Ils ne peuvent porter que des moustaches, mais ils les laissent venir si longues, qu'elles les dédommagent de la barbe; leur dernière marque distinctive est une paire de bottes rouges, ferrées et plissées.

Ce petit corps, dans lequel il n'entre que de beaux hommes, est celui des chiaoux verts, que l'on doit distinguer des chiaoux maures qui sont aussi nombreux.

La musique du dey est à peu près semblable à celle des grands de l'empire ottoman. Huit tambours, cinq paires de timbales, dix clairons, deux trompettes, deux cymbales : voilà les instrumens qui la composent. Les timbales sont fort petites et les tambours fort gros; et comme ceux des Turcs, on ne les bat qu'avec une baguette ou bâton, dont le bout est en forme de masse; de la main gauche on frappe dessous avec une poignée de verges.

Ici l'on n'entend point parler du médecin du dey, du chirurgien de monseigneur le hazenagi, du pharmacien de monseigneur l'aga, etc. Quand un Turc manque d'appétit, il demande un remède à son barbier, qui lui donne des pilules composées avec du jalap : c'est l'antidote de tous les maux. Celui qui le prend meurt ou guérit; au moins il a fait ce qu'il devait, ainsi que le barbier. Quelques-uns ont recours aux chirurgiens européens établis dans Alger, les Couloglis particulièrement. Les Maures vont à leurs devins, qui les guérissent, du moins qui leur vendent des paroles mystérieuses, des sentences, des amulettes écrites sur du papier, de la soie, des feuilles d'arbres enveloppées dans de petits sacs de cuir ou d'étoffe, qu'ils se pendent au cou et autour des bras.

Le hazenagi (grand trésorier de la régence), que les Européens nomment cazenagi, est le premier ministre; il commande dans la ville immédiatement après le dey, auquel il est obligé de rendre compte de toutes ses opérations; il reçoit aussi et compte tout l'argent qui entre dans le trésor, et qui en sort. Il travaille toujours avec le dey, et lorsque ce prince monte dans ses appartemens, le hazenagi reste sous le hangar des Miroirs, pour continuer la séance et présider un nouveau tribunal qui est le sien. C'est sans doute parce que l'argent est le premier mobile de ce gouvernement intéressé, qu'on a fait une place si importante de celle qui donne le droit de le manier. Il me semble que l'aga mériterait mieux le titre de premier ministre que le trésorier.

L'aga est commandant général des armées de la régence. Hors de la ville, il a le droit de vie de et mort. Il juge le civil et le criminel, et ne rend compte que de ce qu'il veut; quoiqu'il ait un département particulier, sa juridiction s'étend jusque dans ceux des beys, où il peut connaître de certaines causes, particulièrement de celles qui concernent le militaire. La salle d'audience de l'aga est une petite place de huit pieds carrés tout au plus, attenante au palais. Là, assis sur un mauvais sofa, avec un écrivain près de lui, il juge ceux qui viennent plaider devant sa porte. C'est l'affaire d'un moment que d'être dépouillé, bâtonné ou pendu. « Ce » ne sont que des Maures, disait-il un jour à » un aga : j'ai fait bâtonner celui dont on se » plaint, si le plaignant ne paie pas le juge- » ment, il sera aussi bâtonné. »

Le *kogia cavallo* (écrivain des chevaux), est le troisième ministre. Le nom de cet emploi vient de ce que celui qui l'occupe est chargé de vendre les chevaux dont les beys, caïftes et autres font présent au gouvernement. Il doit aussi avoir soin des biens et domaines royaux dont il rend compte au dey; il donne ses audiences sous le péristyle de la maison du dey.

Le *wekil-ardjy* peut être regardé comme le quatrième ministre, depuis que toutes les fonctions du grand amiral lui ont été transmises; il est intendant de la marine, comme son nom l'indique ; il commande tout ce qui regarde cette partie, les armemens, la construction, les magasins, etc. Il a un capitaine de port à ses ordres, dont l'emploi est semblable à celui de ces officiers en Europe. Un écrivain et un garde-magasin dépendent aussi de sa charge. Il donne ses audiences sur le port même, à la porte d'un magasin où il a un sofa.

Le *beteutmegi* ou *pitremelgi*, receveur des parties casuelles, peut être considéré comme le cinquième ministre. Par une suite de la défiance naturelle aux Turcs, aux Maures, aux pirates enfin, l'on a défendu à celui qui a cet emploi de se marier, parce qu'il manie beaucoup d'argent. Après sa mort, le gouvernement s'empare de sa succession.

Le *kogia* du blé a le soin d'entretenir l'abondance dans les magasins destinés aux soldats. Il lui est pareillement défendu de se marier, parce que le gouvernement hérite des biens immenses que cet employé peut amasser par une infinité de moyens illicites.

Le *kogia* de l'Arabe est chargé de veiller au bon ordre dans les marchés du blé (il cause souvent du désordre) ; à ce que personne n'accapare des provisions pour les revendre (il le fait lui-même). Il est aussi chargé de retirer les droits que le gouvernement lève sur les denrées (quelquefois il les double).

Les sept personnages qui occupent ces emplois sont nommés les grands de la régence. Ils sont à la volonté du dey, qui les conserve tant qu'il lui plaît. Tous peuvent prétendre à la couronne, puisque le dernier soldat y a des droits. Cependant les quatre premiers sont les vrais prétendans. C'est toujours l'un d'eux qui est élu s'il y a peu de partis. Les uns et les autres n'ont que la paie des soldats. Mais les moyens de s'enrichir, que ces places fournissent à leur cupidité, sont infinis. Toutes les personnes qui veulent justice ou injustice, trouvent chez eux, en payant, ce qu'ils désirent. Ceux qui veulent des emplois paient; pour ne point subir d'avanies, pour traiter avec le dey, il faut payer les personnages qui l'entourent. Il y a un mot de bas mauresque si bien établi chez les Algériens et si bien mis en pratique, qu'il serait difficile de le détruire, *uzansa* (usage). Si quelqu'un s'avise de faire un cadeau à un fonctionnaire, il faut qu'il continue tous les ans, sans quoi celui qui l'a reçu une fois l'envoie demander la seconde, ainsi de suite, en disant : *Estar uzansa*. On raconte à Alger un fait qui justifie non-seulement ce que j'avance de ce mot, mais qui montre encore que cet usage impudent n'est pas seulement établi chez les gens en place.

Un médecin italien, demeurant dans cette

ville, avait coutume de donner tous les jours, à un pauvre qui se tenait près de sa porte, une petite pièce d'argent de la valeur de trois mesonnes; il recevait pour cette somme des bénédictions et l'assurance qu'on adressait journellement des prières au saint prophète pour sa conversion, parce que ses qualités généreuses le rendaient digne d'être musulman. Il y avait déjà quelques années que les aumônes et les prières continuaient sans interruption, lorsque le médecin fut obligé de repasser en Europe. Le pauvre prit date, souhaita un bon voyage, et persista dans ses assiduités près de la porte de son bienfaiteur comme si celui-ci eût été présent, bien qu'il ne reçût plus le petit tribut qui l'y avait attiré si long-temps. Un an et demi s'était à peine écoulé que le médecin reparut, et la première personne qu'il rencontra, en arrivant, fut le pauvre, auquel il s'empressa de vouloir donner trois mesonnes, en lui témoignant le plaisir qu'il avait de le retrouver. « Ami, lui dit celui-ci (en re-
» gardant cette pièce au bout des doigts du
» médecin), tu te trompes : ne te souvient-il
» plus que l'*uzansa* était trois mesonnes par
» jour ? Il y en a cinq cent quarante-sept que tu
» ne m'as rien donné, par conséquent tu me
» dois cinq cent quarante-sept pièces, qui font

» vingt-deux sequins et demi trois mesonnes. »
Qui n'aurait pas ri de ce calcul et du sang-froid
avec lequel ce Maure le faisait? L'Italien n'en
pouvait plus : il entra chez lui en riant ; il
riait encore, quand un chiaoux vint l'avertir de
se rendre au palais. Sans faire la moindre question à cet officier, le médecin le suivit, pensant
qu'on avait besoin de son ministère. Mais quel
fut son étonnement, en y arrivant, de voir le
pauvre devant le hazenagi, qui réclamait une
dette de vingt-deux sequins et demi trois mesonnes, dont lui, médecin, refusait le paiement.
Il avait à peine cessé de rire des premiers propos du pauvre, lorsqu'il fut obligé de recommencer. En se calmant un peu, il dit au ministre : « Seigneur, ce malheureux est sans
» doute en démence; faites-moi la grâce de lui
» faire accepter cette pièce de six mesonnes
» pour rassurer sa tête, et le dédommager des
» vingt-deux sequins et demi trois mesonnes,
» qu'il croit que j'aurais pu lui donner, sans mon
» absence. » Le hazenagi, qui ne riait point, dit
qu'il paraissait dans le procédé du pauvre assez
de sincérité et de raison pour qu'on dût y faire
attention, et ne point se moquer des choses saintes et des usages sacrés. Le médecin représenta
que personne n'était en droit de mettre hypo-

thèque sur sa générosité, et de demander comme dû ce qu'il pouvait refuser à toute la terre; que certainement il n'y avait aucunes lois au monde qui l'obligeassent à regarder comme un engagement les effets momentanés de sa volonté. L'usage est une loi chez nous, dit le ministre, qu'il n'est permis à personne d'enfreindre sans se manquer à soi-même, sans manquer à ceux qu'on pourrait condamner à des privations. Mais l'on ne prive pas les personnes auxquelles on ne doit rien, répliquait le médecin. C'est les priver d'un bien auquel elles ont dû s'attendre, que de négliger un usage établi par la conscience, répondait le ministre. La conscience engage à faire le bien quand on le peut, disait l'Italien; mais cet homme, en comptant sur ma générosité parce qu'il est pauvre, n'a pas dû la fixer, la forcer même. «Cela est vrai, reprit le ministre, aussi n'a-
» t-il suivi que la règle qu'elle lui a prescrite : il
» ne te demande pas six mesonnes par jour,
» puisque tu étais dans l'usage de ne lui en donner
» que trois; et n'est-il pas aussi généreux
» que toi de se contenter du principal, tandis
» qu'il pouvait sans compromettre sa conscience
» compter sur un dédommagement?» A ce mot, le médecin s'emporta, mais le ministre l'arrêta, en lui disant qu'il sentait bien que ce pauvre

n'était pas fondé à exiger légitimement cette somme, et qu'il n'avait compté que plaisanter en défendant cette cause. Puis, avec un ton affectueux, il vanta les bonnes qualités du médecin, sa générosité particulièrement. « Finis cette affaire, dit ce rusé ministre; ne laisse pas crier ce malheureux; je t'en conjure *per facia de mi* (par mon visage). » C'est ainsi que s'expriment les Algériens, quand on leur oppose la raison et la fermeté; et il est très-dangereux de les refuser si l'on est dans le cas d'avoir besoin d'eux. Le pauvre médecin paya donc la somme réclamée, et prouva, par cette obligation, que l'uzansa est une des lois algériennes les mieux observées.

Rien n'est aussi remarquable que l'adresse et la ruse des grands et en général des Turcs dans les emplois. Comme ce gouvernement a pour première maxime d'user en tout d'une extrême défiance, chaque sujet, intéressé à le conserver, a ce principe si fort à cœur, qu'il en fait le mobile de toutes ses actions secrètes et publiques. A voir tous ces gens ensemble, on les prendrait pour des frères ou tout au moins pour des amis intimes, tandis qu'ils ne sont occupés qu'à se tendre des piéges les uns aux autres; à préparer des perfidies, des menées sourdes, si profondes et si adroitement ourdies, qu'on a peine à en distinguer le fil.

Il y a un cadi pour juger les affaires de loi, celles de commerce, celles où il s'agit d'écritures, de billets, lettres de change, etc. Comme les chefs, c'est-à-dire les ministres et le dey lui-même, connaissent de tout, et qu'on peut appeler des jugemens du cadi, les faire même annuler par les grands, ceux qui veulent marcher plus sûrement, et ne point payer deux fois dans la même cause, vont droit au dey ; mais, pour y parvenir, la protection d'un grand est nécessaire. On sait le moyen de se procurer cette protection. L'argent a tant d'influence dans les affaires de ce pays, et il est si facile d'émouvoir la régence quand on peut en sacrifier, que le plus souvent les deux parties s'opposent mutuellement la protection d'un de ces grands. C'est alors qu'il fait beau voir les ruses et les souplesses de ces musulmans pour atteindre leur but, et sans que cela paraisse altérer en rien l'air de cordialité et d'aménité qui règne dans leur extérieur. Quelqu'un qui voudrait prendre la peine d'étudier la conduite de ces Turcs abâtardis, pourrait juger du degré d'amitié qui existe entre eux, en supposant toujours que les démonstrations les plus affectueuses sont des preuves évidentes d'une grande inimitié.

Les Turcs algériens, que l'exemple des Maures en matière de religion aurait dû séduire, ayant le même culte et les mêmes devoirs, semblent reconnaître pour principe de gouvernement celui qu'avaient autrefois les Vénitiens. Je pense qu'ils diraient comme ces derniers : Nous sommes Algériens, et puis Mahométans. Aussi le mufti et les imans ne sont point despotes chez eux; ils ne balancent point les volontés du chef et ne bravent point ses ordonnances : ils sont respectés autant qu'ils peuvent l'être quand ils se comportent bien; s'ils passent les bornes de leurs devoirs ils sont déposés et punis.

Le corps des *kogias* (écrivains) est fort nombreux; il faut, pour y entrer, savoir lire et écrire, et donner au gouvernement une somme de cent trente-trois sequins algériens. C'est une voie prompte pour parvenir, quoique le hasard ait plus de part que les talens à tout ce qui peut accélérer la fortune dans ce pays, où tout est vénal et subordonné aux mouvemens du peuple et d'une soldatesque effrénée, toujours prête à se mutiner.

La milice du pays, la noblesse, les grands, enfin les Turcs, sont tous soldats; tous reçoivent la paie, depuis le dey jusqu'à la dernière recrue; c'est une des constitutions de l'état, peut-être la plus exactement suivie. Il paraît singulier, au premier coup d'œil, de voir tout un peuple, soumis à une poignée d'étrangers, être éloigné des emplois et des grades; mais quand on connaît les Maures, cette singularité disparaît, et l'on comprend cette dégradation d'une nation lâche, qui n'a pas eu le courage de maîtriser quelques soldats turcs, ou tout au moins de partager avec eux le gouvernement du pays.

Les Turcs sont recrutés dans les provinces de l'empire ottoman; en arrivant à Alger, ils sont conduits chez le dey, où l'on prend leur nom et celui de leur ville natale; ensuite ils sont envoyés dans les casernes où on leur donne une chemise, une culotte et une capote de grosse étoffe brune, une saïke, une paire de pantoufles, et une haïke (couverture de laine). Leur première obligation est de se fournir d'armes, fusil, pistolet, sabre, etc.; s'ils n'ont pas de quoi les acheter, le gouvernement leur fait les avances, qu'il a soin de retenir sur la paie. Les derniers arrivés sont obligés de servir les anciens et de nettoyer les casernes; c'est leur seule occupation jusqu'à ce qu'ils commencent à faire leurs corvées, c'est-à-dire les gardes qu'ils doivent monter dans les forts, devant la maison du dey, l'alcassaubach, les camps et le port. Ils y vont à tour de rôle, et servent un an de suite dans chaque poste, hors dans les camps d'été, qui ne durent que six mois. La nourriture de tous les soldats de la régence, qui sont aux casernes, consiste en quatre pains d'une livre chacun par jour et de l'eau à discrétion. Comme les grands, le dey même, protégent les casernes où ils ont demeuré et celles qui leur sont dévouées; ils envoient de temps en temps du riz, du gourgous. Le gourgous se fait avec du blé bouilli et séché dont on compose une soupe appelée *sorba*.

La paie qui se distribue tous les deux mois chez le dey, en sa présence, est de deux piastres pour les derniers arrivés; mais elle augmente avec leur service jusqu'à la somme de dix piastres; c'est la plus haute paie, celle qu'on nomme paie fermée. Ce jour de paie est toujours redoutable pour le dey et les grands, parce que, quand il y a des conspirations, c'est en ce moment-là qu'elles éclatent.

Les Turcs qui veulent se marier peuvent sortir des casernes, mais ils perdent leur pain quotidien, et ne sont point dispensés de leur service, à moins qu'ils n'aient quelqu'emploi, ou qu'ils ne soient dans le corps des kogias, ou des wekil-ardjys.

En temps de guerre, les soldats, si l'on peut donner ce nom à un ramas de misérables indisciplinés, sont obligés de se fournir de munitions de guerre, poudre et plomb. La régence n'accorde véritablement gratis que le privilége de se faire casser bras et jambes à son service; point de récompense honorable pour les belles actions, encore moins de pécuniaires; le pillage tient lieu de tout.

Le divan d'Alger, ou grand conseil de la régence, quoiqu'il ne soit ordinairement composé que des principaux ministres, des officiers supérieurs et autres dignitaires, comprend cependant tous les plus anciens soldats turcs qui soient dans le royaume. Chaque soldat turc doit entrer dans ce conseil à son tour; rien ne peut l'en exclure, qu'une bien mauvaise conduite, ou plutôt ses ennemis. Encore, dans ce cas, il n'est pas privé de son droit en entier; on lui fait dire de vendre son siége à celui qui le suit par ancienneté, et ce n'est qu'après cette cession qu'il se retire.

Ces conseillers restent en place jusqu'à ce qu'ils soient parvenus au grade d'aga des bâtons, qui est celui de président ou chef de cette compagnie. Il n'y a point de passe-droit; chacun suit le rang et parvient à ce grade, s'il ne meurt en chemin.

Cet aga, ainsi appelé parce qu'il est chargé de faire punir les soldats qui ont commis quelque faute, et que la bastonnade est le châtiment le plus ordinaire chez les Algériens, ne reste que quarante jours dans cette place. A ce terme, il est renvoyé avec une récompense pécuniaire. Le plus ancien de ses collègues lui succède, et un ancien soldat entre au divan, pour siéger au dernier rang de la compagnie, dont tous les membres font un mouvement vers la tête. La charge d'aga des bâtons est la plus éminente que puisse obtenir un soldat qui n'a point eu assez d'intelligence ou d'ambition pour prendre part au gouvernement.

Ces conseillers, qui reçoivent leur paie comme soldats, n'ont aucune rétribution particulière; mais le gouvernement leur fournit, pendant tout le temps qu'ils assistent au divan, une certaine quantité de riz, de viande, de pain et beurre, par semaine, pour subvenir à leur subsistance.

Ce divan est divisé en deux compagnies. Les vingt et un plus anciens forment ce que l'on nomme le grand divan ; l'autre partie forme le petit divan. Deux salles près du palais royal servent à les rassembler, lorsque le dey veut les consulter; ou, pour mieux dire, lorsqu'il a quelques affaires délicates, il convoque le divan sous le hangar des miroirs. Assis par terre à la gauche du trône, sur deux rangs, dos contre dos, les uns regardant l'orient, les autres le couchant, l'aga des bâtons leur présente l'affaire que le dey lui a communiquée : après que chacun a donné son opinion, l'aga en rend compte, et le divan se dissout. Le dey délibère seul avec tous ses ministres, et la formalité de la consultation suffit pour mettre sa conduite à l'abri de toutes recherches. Voilà à quoi se réduit le pouvoir de ce fameux conseil.

L'habillement de cérémonie des conseillers du grand divan est une robe de drap vert, courte, serrée autour du corps par une ceinture de cuir, et dont les manches étroites tombent sur le bout des doigts. Ils portent de plus une grande culotte de même étoffe, et des bottes de maroquin rouge brun, dont les talons sont ferrés, et la tige plissée jusqu'au genou. Leur tête est surmontée d'un casque de cuivre jaune, sur lequel s'élève un rang de grandes plumes qui forme l'éventail du devant au derrière. Les membres du petit divan sont sanglés comme les premiers, et ils portent sous leur robe, qui est bleu céleste, une petite veste qui descend jusqu'aux reins. Au lieu de bottes, ils ont des chaussettes de fil blanc et des pantoufles de maroquin jaune sans quartier ni talons; au lieu de plumes sur leur casque, une peau blanche, qui tombe depuis le dessus du casque jusqu'au bas du dos. Cette peau est si large qu'elle couvre les deux épaules. Ils ont tous la barbe.

Je vais parler maintenant des fêtes qui sont célébrées avec le plus de magnificence à Alger.

La fête du grand *bayram* commence le premier jour après la lune de *ramadam*. C'est la pâque des Mahométans. Ce jour est annoncé par le canon des forts et par toutes les fusillades et réjouissances des dévots et des jeunes gens. C'est ordinairement la veille de la fête qu'éclatent ces réjouissances, au moment où l'on aperçoit la nouvelle lune. Ce grand jour, le dey se place sur son trône deux heures avant le soleil levé, pour recevoir les baise-mains et félicitations des ministres. Après cette cérémonie, il se rend à la mosquée, accompagné de tous ceux qui l'entourent et d'une partie des gardes. En rentrant chez lui, à la pointe du jour, il est salué par tous les forts, qui font à cette occasion des décharges complètes de leur artillerie. Dans ce moment, les portes du palais sont ouvertes au peuple, qui en occupe aussitôt les galeries et les terrasses, d'où chacun peut jouir du plaisir de voir le souverain, assis sur un tapis, sous le hangar des miroirs, manger par terre avec tous les conseillers du divan. Les ministres et les cuisiniers en chef servent, et ne prennent part à ce festin qu'à la dérobée. Aussitôt la table levée, le monarque monte sur son trône. Le mufti, le cadi et deux autres hommes de la loi, s'asseyent sur le banc des grands écrivains, et tous les conseillers du grand divan se rangent sur l'estrade qui est à gauche. Les ministres vont se mettre dans un petit retranchement qui est au-dessus de l'estrade, et le petit divan se tient vis-à-vis et debout sur une file. Dès que chacun est à sa place, la musique annonce les lutteurs, qui sont rangés au bas de la cour, pour attendre l'ordre de commencer leurs exercices. Aussitôt qu'il leur est donné, ils se présentent deux à deux sur l'arène, et renouvellent aux yeux des spectateurs les jeux de leurs ancêtres. Après ce divertissement, le dey se lève, et deux des ministres viennent lui passer le cafetan, qui est une robe d'étoffe or et argent. Quand il en est revêtu, il se remet sur son trône : les ministres disparaissent encore, et les membres du grand divan quittent leurs sièges les uns après les autres, pour baiser la main au dey, après quoi ils se remettent en place. Le dey fait ensuite apporter un cafetan, dont il décore l'aga des deux lunes, qui sort aussi du palais avec tout le divan, pour aller se promener dans les principaux quartiers de la ville, et montrer son cafetan et le cheval blanc sur lequel il doit être monté. Les ministres viennent renouveler le baise-main, et se ranger sur une file et debout à la gauche du trône. En même temps le mufti et les gens de loi se lèvent, embrassent le dey et se retirent. Puis se montrent tous les corps, tous les Turcs qui le jugent à propos, enfin la *Mauraille*, les étrangers et les principaux des Juifs, pour baiser la main les uns après les autres Quand tout est fini, le bon prince, fatigué, comme on pense que doit l'être un homme qui présente sa main à sept ou huit cents personnes auxquelles il dit encore, *Osgueldi*, regagne ses appartemens pour se délasser des fatigues et des ennuis de la cérémonie.

Tous les planchers de son palais sont garnis, pour cette époque, de grosses *pastèques* (melons d'eau), suspendues par des fils de caret, et qui menacent d'écraser les gens que la curiosité ou le devoir amènent à cette fête. Celle du petit bayram se passe de même; et dans toutes les fêtes auxquelles des occasions extraordinaires donnent lieu, le divan joue le même rôle, et c'est le plus brillant et le plus utile de ce conseil.

J'ai dit plus haut que la bastonnade était le châtiment le plus usité à Alger. Voici la manière dont il s'exécute. On fait coucher le coupable sur le dos, et avec une corde qui lie les deux jambes, on les relève droites, de façon que la plante des pieds soit horizontale; alors deux hommes armés de bâtons, et placés de chaque côté du patient, frappent alternativement jusqu'à ce que la quantité de coups prescrite soit donnée. En Turquie, on se sert de baguettes grosses comme le petit doigt; on ne frappe les hommes que sous les pieds, et l'exécuteur ne doit pas élever la main qui tient la baguette plus haut que l'épaule; mais, à Alger, on se sert de bâtons, au moins aussi gros que les deux pouces, et l'on frappe de toute sa force, depuis la plante des pieds jusqu'aux reins. La plus grande partie des Maures ne jettent que de faibles plaintes, au commencement de l'exécution, et beaucoup l'endurent sans dire un mot. La corde, la hache et le *ganche*, sont aussi fort en usage dans ce pays. Pour pendre un homme, on l'accroche à une potence et on lui laisse le soin de s'étrangler. Pour couper la tête, on fait mettre le patient à genoux, et, sans lui bander les yeux, on la lui enlève d'un coup de hache ou de sabre. Pour mettre un criminel au *ganche*, on le conduit sur un mur, hérissé dans toute sa longueur de crochets de fer qui sortent de deux pieds. Dirigé par une corde, il est précipité sur ces crochets qui le retiennent par une cuisse, par un bras, par le ventre; et là il expire dans les plus cruels tourmens.

J'achèverai l'exposition des notions que j'ai été à même de recueillir sur le gouvernement d'Alger, en parlant de l'administration des provinces. Elles sont gouvernées par des beys à la nomination du dey, qui les conserve dans leurs emplois, jusqu'à ce que sa volonté en décide autrement. Ils reçoivent leur commission d'une manière bien simple, en présence des ministres du dey, qui se borne à leur dire : « Allez gouverner telle province, et soyez mon général. »

Les beys résident à Constantine, à Oran et à Titerie. Les gouverneurs des autres provinces, quoiqu'ils ne portent pas le même nom, jouissent des mêmes prérogatives.

Le dey donne aux gouverneurs, en même temps que leur titre, tous les pouvoirs qu'il a lui-même sur les sujets maures qui habitent leur département, par conséquent tous les moyens d'exercer impunément la plus horrible tyrannie. On exige d'eux qu'ils s'occupent avant tout des intérêts du gouvernement. Que de prétextes ce devoir ne donne-t-il pas à des hommes avares et sanguinaires pour assouvir leur cupidité. Les beys algériens commandent le fer à la main. Tout tremble autour d'eux; le malheur et les cris des peuples sont des nuages légers, des vapeurs qui se dissipent au bruit de l'or avec lequel ils apaisent le gouvernement. Les beys ne peuvent pourtant pas sévir contre les Turcs sans un ordre exprès du dey. Ceux des soldats qui, dans leur département, se mettent dans le cas de punition, sont envoyés à Alger sous bonne garde.

Les maisons des beys sont composées d'un caifte, lieutenant nommé par le dey, d'un petit caifte, sous-lieutenant; d'un hazenadar, trésorier; de quatre chiaoux, et de nombreux domestiques, esclaves chrétiens et noirs. Ils sont chargés de garder les frontières avec un nombre de Maures aussi considérable qu'ils le veulent et le peuvent, auxquels ils fournissent un cheval et un fusil. Ces cavaliers, que leur emploi exempte seulement de la *garame*, tribut, sont commandés par des *scheiks* que le bey nomme pour le temps pendant lequel il est obligé de tenir ses troupes sur pied. Le besoin passé, chacun se retire chez soi, remportant ce qu'il a pu voler dans les rencontres qui ont eu lieu.

Les beys doivent aussi percevoir le tribut dans leurs départemens respectifs. Pour leur en faciliter les moyens, le dey leur envoie, tous les ans, au mois de mai, un camp, appelé *nouba*. Ce n'est pas que les Turcs qui composent ces camps fassent l'office de collecteurs, comme on l'a dit. Certainement le gouvernement ne s'en rapporterait pas à eux; ils ont cependant leur utilité. Chaque scheik est obligé de percevoir les taxes imposées dans sa horde. Quand la saison de payer est arrivée, il vient un kaia, officier turc, à qui l'on assigne un district de plusieurs hordes, et qui emmène tous les scheiks auprès du bey pour compter eux-mêmes l'argent dont ils sont chargés.

Plusieurs causes ont donné lieu à ces camps, et toutes existent encore. Il s'agit d'abord d'imposer à la plus grande partie des Maures, qui ne paieraient pas s'ils ne savaient pas qu'il y a deux ou trois cents Turcs campés dans le département du bey qui les commande. On envoie des *noubagis* aux habitans des hautes montagnes toujours révoltés, qui ne paient qu'à leur corps défendant ; à ceux qui habitent près des déserts, et qui décampent ordinairement aussitôt que la récolte est faite, sans payer le tribut. Les noubagis servent à seconder les caiftes et les kaias, chargés de surveiller ces fuyards. La seconde cause qui fait rassembler ces camps est tout-à-fait politique. Autant de soldats turcs, autant il y a de prétendans au trône et aux grands emplois. Le dey, qui n'ignore pas que ces soldats oisifs, mal nourris, mal payés, ne voient pas d'un œil calme les succès et l'avancement de leurs camarades, éloigne autant qu'il le peut les plus turbulens et les plus ambitieux : beaucoup sont étranglés au camp ; les plus tranquilles reviennent au bout de six mois, c'est-à-dire à la fin de septembre.

Les beys envoient tous les six mois, en mai et en octobre, par leurs caiftes, les sommes qu'ils ont perçues, et eux-mêmes viennent tous les trois ans rendre leur compte, qu'ils accompagnent de présens, pour le dey, pour les grands et la soldatesque.

Dans un cas de guerre, les beys assemblent autant de Maures qu'il leur est possible, et les traînent après eux à la rencontre de l'ennemi.

Chacun se nourrit comme il veut et le peut, et se bat comme il l'entend. Ces malheureux sont en général sans force, sans courage, sans discipline : ils n'osent jamais regarder l'ennemi en face, encore moins le combattre. Pour tirer un coup de fusil, ils cherchent à se cacher derrière des pierres, des arbres, etc. Obligés de paraître en plaine, ils tirent de très-loin ; encore détournent-ils la tête, crainte du feu et du bruit de leurs armes. Ce n'est pas non plus sur ces misérables troupes que les Algériens comptent lorsqu'il s'allume une guerre un peu grave. Les soldats de la paie, c'est-à-dire les Turcs et quelques Couloglis, sont tout leur espoir.

CHAPITRE VI.

ROYAUME D'ALGER.

État intérieur du pays. — Montagnes. — Rivières. — Sources. — Climat. — Vents. — Mines. — Culture de la terre. — Productions du sol. — Insectes. — Sauterelles. — Anecdote à leur sujet. — Productions animales. — Manière de chasser des Maures.

Le royaume est traversé par le Lovat et l'Ammer, qui sont des ramifications de l'Atlas. Ces montagnes, d'une médiocre élévation, sont plantées de vignes et de forêts dans presque toute leur étendue. Le mont Jurjura, qui doit être regardé aussi comme une branche de la chaîne générale, s'étend dans l'intérieur à 22 lieues environ au sud-est de la côte; il est le plus haut de la Barbarie, et presque toujours couvert de neige à son sommet. Le Chellif et le Ouadidjiddi sont les plus considérables des rivières qui descendent de ces montagnes; la première, qui prend sa source du côté septentrional de l'Atlas, peut avoir 108 lieues de cours; la deuxième coule vers le midi et va se jeter dans le lac de Melgigg, au pays de Zab. Enfin on rencontre dans cette contrée plusieurs sources d'eaux minérales.

Indépendamment de la montagne de Jurjura, je citerai encore parmi les plus élevées, Wannash Ruse dans la province de Mascara, Swage ou Worsgar dans celle de Constantine, et enfin le Jibbel Auress dans la même province, qu'on dit être le *Mont Audus* des anciens.

Les Maures n'ont point tracé de routes dans l'intérieur du royaume; on n'y trouve que des sentiers si multipliés, et qui se coupent de tant de manières, qu'il faut en avoir une grande habitude pour ne pas s'égarer à chaque pas. N'ayant pas su tracer de routes, les habitans n'ont pas su fixer de distances; ils comptent par journées, et disent il y a tant de journées de tel à tel endroit. Ici le temps est la mesure de l'espace.

La température est fort inégale dans ce pays.

L'Atlas, qui en occupe une partie, reste presque toujours couvert de neiges, qui tempèrent beaucoup les ardeurs du soleil; mais la chaleur est excessive l'été dans les plaines éloignées de cette chaîne de montagnes. Le vent d'est souffle régulièrement pendant la belle saison, et amène d'épais brouillards qui engraissent la terre sans nuire à ses habitans; mais ces brouillards sont dangereux pour les étrangers non acclimatés auxquels ils occasionent des maux de dents et des fluxions. Le vent du sud, qu'on appelle vent de terre, ne règne que par intervalles et peu de jours, c'est le terrible simoom. Comme il passe sur les déserts du Sahara, il est brûlant, et tellement chargé de particules de sable fin et de poussière, que nulle créature vivante ne pourrait le supporter s'il durait seulement quinze jours. Lorsqu'il souffle, on a peine à respirer dans les endroits les mieux abrités. Ce fléau, particulier au climat de l'Afrique, est le même que les Égyptiens ont nommé Kamsin. Des tourbillons de sable accourent soudain du fond du désert et vous enveloppent d'une atmosphère palpable. Quoique brûlant de soif et haletant, il faut retenir son haleine avec force pour ne pas aspirer des flammes. Bientôt le sable couvre tous les vêtemens; il pénètre par le nez, dans la bouche, dans les oreilles, dans les yeux. Souvent les voyageurs, surpris à l'improviste par ce vent de feu, disparaissent dans un océan de sable embrasé, sentent leur sang s'enflammer, perdent la respiration, ruissellent de sueur, ne résistent pas au supplice de cette ardente fournaise, et tombent inanimés sur l'arène, où leurs os blanchis restent seuls pour attester leur cruelle mort.

Les vents du nord, de l'ouest et du sud-ouest sont ceux qui annoncent l'hiver et fixent sa durée. Les orages sont fréquens sur toutes les côtes d'Alger pendant cette saison, et les rendent inabordables. Il gèle peu : il ne tombe de neige que sur les montagnes, mais les pluies sont continuelles.

L'hiver et l'été partagent l'année, et quoiqu'ils n'amènent ni des froids, ni des chaleurs excessives, l'hiver a pourtant le désagrément d'être trop humide, et l'été d'être trop sec. On passe de l'un à l'autre assez rapidement, à peu près sans intervalle. Mais ce crépuscule, ce peu de jours qui devancent les saisons, ou pour mieux dire qui les séparent, sont si beaux, qu'on n'en pourrait souhaiter de plus agréables. L'été commence en mai et finit avec le mois d'octobre. L'hiver occupe le reste de l'année.

L'homme contemplateur, conduit par un mouvement de curiosité ou par le simple désir de s'instruire sur les ramifications de l'Atlas qui dominent le royaume d'Alger, promène ses regards autour de lui, et bénit la Providence, qu'il reconnaît dans la magnifique et pompeuse ordonnance des sites environnans. Il voit des montagnes majestueuses qui, bien que nues pour la plupart, ne présentent point un aspect effrayant. Elles pourraient être cultivées jusqu'à leur sommet. Partout de superbes vallons, des plaines immenses où coulent des rivières qui concourraient puissamment à les fertiliser, des coteaux rians, et les situations les plus heureuses pour toute espèce d'établissemens. Mais l'œil inquiet, en admirant tant de beautés, cherche un hameau, une chaumière dans le vaste horizon qu'il embrasse, et ne les trouve point. Bientôt on maudit le gouvernement de pirates sous lequel gémit une population que la douceur du climat incline à la nonchalance, et à qui des lois injustes et cruelles achèvent d'enlever toute activité. Le Maure, avili, dégradé, s'abandonne lâchement à l'apathie, à l'insouciance, et faiblement attaché à la vie, dont il ne connaît ni les agrémens, ni les commodités, il en parcourt l'espace sans s'y intéresser, il la quitte sans regret. Ses jouissances sont des effervescences passagères, après lesquelles ne tardent pas à naître le dégoût et l'abandon dont tout ce qui l'entoure porte l'empreinte.

Ce royaume renferme des mines de plomb et de fer; le sel y abonde; le lac de Marks se dessèche en été, et laisse à découvert un lit profondément incrusté de ce minéral. La terre, quoique négligée, est d'une fertilité étonnante. Elle produirait de tout abondamment si elle obtenait les soins qu'elle réclame. Ses lâches habitans le savent : ils en font l'expérience à chaque instant; cependant ils ne cultivent que le blé, l'orge, le millet, un peu de vignes; les céréales, enfin, qui demandent le moins de travail et de connaissances. La plus grande partie des terres est en friche, dévouée à la stérilité ou à une triste végétation. Les herbes et le lentisque qui couvrent des plaines immenses, servent à la nourriture des troupeaux, qui ne sont pas même aussi nombreux qu'ils pourraient et devraient l'être.

Les extrémités au midi et au nord ne sont point ou ne sont que fort peu cultivées. Les Maures, que l'instinct, l'expérience et la paresse ont conduits dans les endroits les plus fertiles, se sont tous fixés sur les montagnes et dans les vallées qui les avoisinent. Outre ces raisons qui ont concouru à leur faire préférer ces lieux à d'autres plus rians et mieux situés pour l'exportation et l'importation des denrées, ils se sont sans doute aperçu qu'ils étaient aussi plus sains et plus faciles à exploiter que les plaines sablonneuses et brûlées dans le voisinage des côtes. Il pleut souvent sur les montagnes, dans l'été même; la terre y est par conséquent aisée à travailler, qualité bien importante pour de pareils hommes ennemis du travail, et qui n'ont pu inventer un instrument plus commode et plus solide que celui dont ils se servent pour labourer leurs champs. Leurs charrues n'ont point de roues : un morceau de bois gros comme le bras, et long de quatre ou cinq pieds, est enchâssé obliquement par une des extrémités dans un autre morceau presque aussi long et dont le bout qui doit servir de soc est durci au feu. Voilà comment est composé ce grossier instrument qu'une mule, un cheval ou une vache attelée par le cou, traîne sur la terre, dirigé par un homme, qui ne fait qu'en effleurer la superficie.

En septembre et octobre, les Maures, pour

tout engrais, mettent le feu aux herbes et aux chardons qui couvrent les champs qu'ils veulent ensemencer. En décembre ou janvier, ils jettent sans grande précaution le blé sur la terre, et la charrue suit le semeur. Aussitôt les semailles achevées, les Nomades retournent dans les déserts, et ne reviennent qu'à la fin de mai, pour récolter en juin.

Immédiatement après la récolte, ils font courir des mules ou des chevaux sur les épis afin d'en avoir le grain; et, pour le vanner, ils le jettent au vent avec des pelles de bois.

Leur blé a la qualité d'être dur; ceux qui veulent le conserver ou seulement le dérober aux recherches des tyrans, creusent de grandes fosses qu'ils appellent *matamores*; ils emplissent ces fosses jusqu'à près d'un pied du niveau du sol et les recouvrent avec de la terre, de façon qu'on ne puisse apercevoir où elles ont été faites. On dit que le blé peut se garder ainsi vingt ans, pourvu qu'il ne soit jamais découvert.

L'huile de ce pays ne serait bonne que pour nos manufactures de savon, mais on en fabrique peu; elle a un goût désagréable dont s'accommodent pourtant les Turcs et les Maures, car ils n'en ont pas d'autre dans leurs cuisines.

Quand les olives sont cueillies, les Maures les déposent dans une fosse ou un magasin, d'où ils ne les retirent que plus de deux mois après pour faire l'huile. Il est certain que ce terme est plus que suffisant pour les corrompre, les moisir et leur donner le goût échauffé et rance que conserve l'huile qu'elles fournissent.

On cultive du tabac dans certains cantons des montagnes, mais on ne sait si la mauvaise qualité de ce produit vient de la façon de le préparer, à laquelle les habitans n'entendent rien.

Les Maures sédentaires cultivent la vigne, non pour extraire du vin, mais pour manger le raisin, faire du vinaigre et vendre le superflu aux Européens. Ils n'ont pas plus d'art et ne prennent pas plus de précaution pour cette culture que pour celle du blé. Au mois de février, ils grattent un peu la terre de leurs vignes, afin de détruire les herbes qui les couvrent ; en avril, ils coupent tout le bois, et ne laissent positivement que la souche, qui repousse promptement. Sans échalas, sans autres soins, les ceps se chargent des plus gros raisins qu'on puisse imaginer. On trouve assez communément des grappes qui pèsent quinze livres, et des grumes longues de vingt-deux lignes, ayant trois pouces cinq lignes de circonférence. Ce raisin mûrit, quoique couché sur la terre, mais la peau en est dure et le goût un peu âpre. Dans le territoire d'Alger, les Maures vendent le raisin au quintal, qui revient à cent trente-trois de nos livres. Le gouvernement prend d'abord ce qu'il lui faut pour en tirer deux ou trois cents tonneaux de vinaigre, et au prix que fixe le dey lui-même; ensuite se présentent ceux qui veulent faire du vin.

Le prix du gouvernement n'est point ordinairement celui des particuliers, parce qu'ils se pressent et renchérissent à l'envi les uns des autres. Il arrive de cette mésintelligence, que les Maures ne vendent le raisin qu'à la dernière extrémité, fort cher et moitié pouri. Le vin qu'on en retire est très-capiteux et ne se conserve point. On peut croire que si l'on avait la précaution de ne point mélanger les raisins de sept ou huit cantons, de ne point les laisser trop mûrir et de n'en prendre que des vignes les mieux exposées, on ferait du vin excellent et qui pourrait se garder long-temps.

Les fruits de ce pays, que certains auteurs vantent comme excellens, comme les meilleurs du monde, ne sont rien moins que cela : il faut convenir qu'on recueille de bonnes oranges, et c'est tout ce qu'il me serait permis d'appeler passable, si je donnais à la chose le véritable nom qu'elle doit avoir. Les pommes, les poires, y sont très-petites, et presque sauvages. Les figues n'ont rien de bon ; il n'y a point de prunes ; les cerises sont très-petites et aigres. Les parties orientales et méridionales de ce royaume produisent seules des dattes ; mais elles ne sont pas estimées comme celles de Tunis. On ne connaît ici ni les groseilles, ni les fraises, ni les framboises. Les grenades sont médiocres pour le goût et la grosseur. Les pêches sont mauvaises ; les abricots petits, mais d'assez bon goût. Le fruit du figuier de Barbarie, cet arbre singulier, dont les feuilles forment le tronc et les branches, possède toute l'estime des Maures : ce fruit est pourtant fade, indigeste et astringent. Les melons sont généralement mauvais ; ils ont la pulpe blanche et pâteuse quand ils sont mûrs : ceux qu'on peut manger manquent de parfum et de saveur. Les melons d'eau, *pastèques*, sont supérieurs, sans avoir une grande qualité.

Les végétaux sont bons, et tous ceux qu'on y apporte d'Europe viennent bien : ils ne dégénèrent point pour la qualité, et acquièrent du volume. On a trouvé des choux-fleurs qui avaient 39 pouces de circonférence. Il faut que la nature ait doué cette terre d'une vigueur et d'une fécondité bien puissantes, pour qu'elle produise ainsi sans soin, et malgré une infinité d'insectes voraces et destructeurs : les fourmis, les rats, des millions de petits animalcules que le manque de culture laisse pulluler, sont toujours prêts à dévorer tout ce qui sort du sol. Cependant la nature triomphe en nourrissant, et les animaux qui s'opposent à ses efforts, et les hommes qui négligent de les seconder.

Les sauterelles comptent aussi au nombre des fléaux qui désolent ce pays. Pendant mon séjour, je fus témoin d'un fait que je crois digne de curiosité. Étant un jour du mois de mai à la campagne, nous aperçûmes en l'air une quantité innombrable de ces animaux. Ils venaient du sud et paraissaient se diriger au nord, en volant très-haut. Ils étaient jaunes et un peu tachés de brun clair. Nous leur trouvâmes vingt-cinq lignes de long et sept de circonférence. Ces insectes voltigeaient tout le jour et ne se reposaient que la nuit, c'est-à-dire au soleil couchant, ou lorsqu'ils voulaient manger, et toujours sur les arbres. Quelques figuiers furent dépouillés de leurs feuilles, pendant les douze jours qu'ils passèrent. La vigne fut aussi endommagée, ainsi que les pois verts, haricots, fèves, etc. Ayant appris qu'ils s'étaient jetés à la mer, on crut en être débarrassé, et ceux des habitans qui avaient été assez vigilans pour préserver leurs jardins de la voracité de ces sauterelles s'en félicitaient déjà, lorsque la nouvelle se répandit qu'il y en avait des légions de petites qui s'acheminaient pédestrement dans la direction des premières. Elles ne tardèrent point à paraître. Le 18 juin on les aperçut à une lieue et demie d'Alger, marchant avec beaucoup de vivacité et se servant des quatre pates de devant. Si on les prenait, elles sautaient en s'appuyant sur les deux de derrière, qu'elles ne faisaient que traîner quand on ne les troublait point dans leur marche. Leur corps n'avait que six lignes de long sur quatre de circonférence; il était brun foncé et tacheté de jaune. Leurs ailes étaient très-petites et immobiles; par conséquent elles ne pouvaient s'en servir. Ces sauterelles étaient si nombreuses et marchaient si serrées que les chemins qu'elles couvraient ressemblaient à des ruisseaux. J'ai calculé qu'elles faisaient un peu plus d'un quart de lieue du lever au coucher du soleil dans les chemins unis. En avançant dans leur course elles prenaient de la force et du corps. Au 6 juillet elles avaient déjà gagné le rivage de la mer ; elles avaient aussi à la même époque tout dévoré. La verdure des jardins par où elles avaient passé, et l'écorce des arbres étaient rongées. Les raisins qu'elles touchèrent en voulant manger les feuilles des vignes, et ceux sur lesquelles tombait leur sanie, séchèrent peu de jours après. Les melons de toute espèce, les salades, les choux, les feuilles de haies, hors celles de lentisque et d'oranger, tout disparut. Sitôt qu'elles eurent atteint le rivage de la mer, elles rétrogradèrent et firent encore plus d'une lieue avant d'avoir pris leur croissance naturelle. Le 12 juillet j'en vis des quantités innombrables de retour dans les haies de nos jardins, où elles restèrent quatre jours sans remuer. Le cinquième on s'aperçut qu'elles commençaient à sortir de leur enveloppe et à voltiger. Nous examinâmes cette métamorphose curieuse qui dura plusieurs jours. Rien ne me parut si ingénieux ; parvenues à la longueur de vingt-trois lignes sur six de circonférence, elles accrochaient une de leurs pates de derrière à une petite branche de buisson, et laissaient pendre leur corps. Dans cette attitude elles faisaient des efforts qui déchiraient l'enveloppe au-dessus du cou. Cette ouverture achevée, les efforts redoublaient et le poids du corps faisait sortir l'animal qui tombait et laissait son élytre à la branche où sa pate avait été accrochée. Immédiatement après la mutation, ces insectes avaient trois lignes de plus en longueur, et une et demie ajoutée à la circonférence. Leurs ailes, d'abord chiffonnées et humides, se séchaient; le corps, qui était froid et mollasse en sortant de l'élytre, se durcissait de telle sorte qu'ils pouvaient prendre leur essor trois ou quatre heures après; mais ils ne le firent que lorsque le plus grand nombre se trouva en état de partir. Alors toutes ensemble se jetèrent sur le peu de verdure qui leur avait échappé, et abandonnèrent le pays. La plus grande partie gagna la mer, le reste le fond des terres. Je remarquai que l'opération de la métamorphose durait de 34 à 35 minutes, et que leurs ailes, en se séchant, étaient argentées, ce qui contrastait merveilleusement avec la couleur du corps qui était d'un rose tendre.

Les Maures de Pisqueri, petit district du département de Titerie, qui font tous les bas ouvrages à Alger, mangeaient toutes les sauterelles qu'ils pouvaient attraper, après leur avoir ôté la tête et fait un peu griller le corps sur la braise. Ils en ramassèrent même qu'ils salèrent pour les conserver. Quelques-uns nous dirent que cette coutume était générale, dans leur pays, où il passait de ces insectes presque toutes les années. Ceci se rapporte assez avec ce que dit l'amiral Drake, de certains peuples qu'il a visités dans ses voyages. Je n'ai pu savoir si les acridophages de Barbarie terminent leur vie à quarante ans et de la même manière que ceux qu'il a rencontrés, c'est-à-dire en donnant naissance à des insectes ailés qui dévorent leurs intestins; je suis assuré seulement qu'il y a autant de vieillards dans ce canton que dans tous les autres du royaume.

Les dernières sauterelles avaient si bien dévasté les campagnes, qu'on n'y voyait pas une feuille au mois d'août; mais à la fin de septembre elles étaient aussi abondantes qu'au printemps. Plusieurs arbres fleurirent de nouveau, et quelques-uns portèrent des fruits. Ces insectes n'avaient pu toucher au blé parce que la paille était trop dure; mais les pâturages qu'ils avaient rongés et salis, causèrent des maladies épizootiques qui tuèrent beaucoup de grands animaux.

Le trèfle et le sainfoin ne meublent point les vastes prairies destinées aux troupeaux dans cette contrée : tout est chaume ou marais. Ce n'est pourtant pas de cette circonstance que provient la dégradation des animaux qui les habitent toute l'année. La chaleur, les vents de terre et le manque d'eau pourraient plus sûrement en paraître la première cause ; mais des expériences m'ont prouvé qu'ils ne venaient aussi qu'en seconde ligne.

Les beaux chevaux sont très-rares, et quoiqu'ils descendent des arabes, ils n'ont cependant pas la taille, la noblesse, les allures, la docilité, la bonté de ceux-ci. Ils sont sensiblement dégénérés, et j'en puis indiquer les raisons. Les Maures n'ont point, comme les Arabes, le soin de conserver les races; de ne donner aux étalons que des jumens de leur portée; de les ménager dans le temps de la saillie et de conserver les beaux extraits, pour les employer à la reproduction. Chez les Maures, les chevaux, les jumens et les poulains sont toujours ensemble dans les pâturages, quelquefois des entraves aux deux jambes de devant, le plus souvent libres. A trois ans et demi, quatre ans au plus, un étalon est livré à toute la force de son tempérament; on le fait servir autant qu'il peut, ensuite on le vend comme un cheval perdu : il l'est en effet : j'en ai vu un superbe qui avait été ainsi sacrifié et dont on prit tout le soin possible; au bout d'un an il était encore perclus. Les douleurs qui l'accablaient, passant alternativement d'une jambe à l'autre, faisaient désespérer de sa guérison. Voilà sans doute les véritables et premières causes de la dégradation de certains animaux dans ce pays.

Les Maures montent leurs chevaux à l'âge de deux ans et demi, trois ans le plus tard, et les tiennent presque toute l'année dans les champs, avec la précaution de leur donner un peu d'orge matin et soir, et de la paille hachée, quand la sécheresse a brûlé les herbes. Ils ont aussi la coutume de les promener après avoir marché ou fait la plus petite course, et ne les rentrent dans l'écurie que lors qu'ils ont uriné. L'habitude de couper les crins de la queue aux jeunes chevaux, leur vient des Arabes, qui pensent que c'est le moyen de les faire devenir plus beaux.

C'est un usage généralement établi chez les Maures que de teindre en rouge quelques parties des crins de leurs chevaux; par exemple, le bout de la queue, les quatre pieds et le dos à l'endroit de la selle. Les uns prétendent que cet usage a pour but de garantir des blessures celles des parties teintes qui en sont susceptibles; d'autres croient que c'est par ornement, et je partage cet avis. Les Maures emploient, dans cette circonstance, une herbe qu'ils appellent *henna*; ils la font sécher au soleil, la réduisent en poudre et en composent une pâte qu'ils étendent sur les endroits qu'ils veulent teindre. Au bout de deux heures, l'opération est terminée et l'on fait tomber l'excédant de la pâte qui reste friable sur les crins où elle a été posée.

Les Maures se tiennent bien à cheval; mais sans grâce et sans art. Toute leur adresse consiste à savoir arrêter le cheval court dans le plus grand galop et à le volter tout d'une pièce. L'expérience ne leur a pas encore appris qu'ils leur gâtent la bouche et les jambes de derrière par ces exercices. Ils se servent de selles relevées par derrière et par devant de près d'un pied; leurs étriers sont fort courts et leurs éperons fort longs : ce sont des broches de fer, rondes, de l'épaisseur de sept ou huit lignes, terminées en pointe et si longues qu'elles pourraient se rencontrer, en perçant le ventre du cheval des deux côtés. Elles sont attachées aux talons avec des courroies de cuir, qui passent par des anneaux placés à chaque bout d'une talonnière de fer, à laquelle ces broches sont adaptées.

On ne connaît pas les voitures dans ce royaume, et les transports ne se font que sur les chameaux, les mules et les ânes. Les particuliers ne peuvent pourtant point user de chevaux, crainte d'avanies, où, s'ils en usent, ils ne peuvent le faire qu'avec une barde ou un bât. Le dey, les grands et la cavalerie sont les seuls qui montent des chevaux avec des selles; les montures publiques sont les ânes, les mules et les chameaux.

Les ânes de ce pays sont peut-être les plus petits qu'il y ait au monde, mais ils sont fort vigoureux, quoique peu ménagés et mal nourris.

Les mules sont de la médiocre taille; elles sont vigoureuses, peu vicieuses et d'une sobriété sans exemple; elles gravissent sur les montagnes, sur les rochers avec autant d'adresse que les chèvres et une vitesse incroyable. Les Maures les préfèrent pour leur monture aux mulets qu'ils vendent ou qu'ils font couper afin de les employer au labourage.

Les bœufs et les vaches sont beaucoup plus petits que ceux d'Europe, par la même cause qui produit la dégradation des chevaux. Comme sous ce climat, ils n'ont de nourriture que celle qu'ils trouvent dans les pâturages, ordinairement secs six mois de l'année, leur dégradation est encore plus sensible que celle des chevaux. Les vaches sont aussi peu fécondes et donnent peu de lait; une particularité remarquable à l'égard de celles-ci, c'est qu'on n'en tire du lait que tant qu'elles ont le veau. Il faut qu'il commence à tetter pour que la vache se laisse traire. Quelques Européens ont essayé la coutume de leur pays, mais ils n'ont pu réussir; les vaches font beaucoup de difficultés et ne donnent rien. La manière de faire le beurre est des plus simples : on met la crème dans une calebasse partagée par le milieu, ou dans un plat de terre, et avec de petites baguettes comme des morceaux de balai, on bat jusqu'à ce que le beurre soit fait. L'opération est un peu longue et le beurre assez malpropre; ajoutez que l'on n'a point dans ce pays l'usage de passer le lait.

Les chameaux de ce royaume participent aussi à la dégradation, car on n'en voit point de la grande taille. Les Maures en élèvent autant qu'ils le peuvent, parce qu'ils coûtent peu de soin, de nourriture, et qu'ils sont fort utiles.

Les moutons sont un peu plus gros et plus forts que ceux d'Europe; leur laine est longue, sèche et rigide, et leur chair peu succulente. Il y en a qu'on nomme moutons de Barbarie, qui sont fort gros et dont la queue pèse dix et douze livres. La chair de ces animaux a le goût de la laine; c'est par cette raison qu'on ne les multiplie pas dans ce royaume.

Les poules de Constantine sont assez connues pour n'en pas parler; il faut seulement remarquer que les poules et les coqs de cette province n'ont point de crête.

Il y a aussi des pigeons patus fort petits, qui ont le bec court et obtus comme celui des moineaux. Ce qu'ils ont de bien remarquable c'est que le mâle et la femelle se couvrent réciproquement l'un après l'autre.

Le gibier de ce pays est mauvais. Les perdrix et les lièvres, qui y sont communs, ont la chair sèche, coriace, avec un goût de thym assez prononcé. Ces deux espèces sont plus petites qu'en Europe, les lièvres surtout.

On y trouve beaucoup de gazelles. Ce joli animal, qui est de la famille des chèvres, mais plus petit et d'un poil roux plus fourré et plus plus court, a les plus beaux yeux du monde. Il est fort timide et facile à apprivoiser.

Les autruches sont assez communes dans la partie méridionale de ce royaume; elles sont de la grande espèce et si légères à la course, que le cheval le plus vite ne peut les atteindre. Quand on les chasse, elles suivent le vent, en déployant leurs ailes, qui sont, comme l'on sait, verticales, et font l'effet de deux voiles.

Les lions et les tigres, dont on envoie les peaux à Alger, sont tués dans cette province; il s'y trouve aussi des singes.

Les Maures, auxquels la poudre est défendue, s'arment, pour la chasse, de bâtons de la longueur de trois pieds, gros de deux pouces, et recourbés à l'un des bouts, qui est garni de fer. Ils sont d'une adresse surprenante à lancer ce bâton au vol et à la course. Ils vont à la chasse des grands animaux à cheval, avec la lance et le sabre.

Le caméléon est ici fort commun. On peut bien le nommer le plus sobre de tous les êtres vivans; on en a gardé un en vie huit mois sans manger. Chez cet animal, les yeux ronds et recouverts d'une membrane épaisse, paraissent comme deux diamans au travers de la petite volute par laquelle ils reçoivent la lumière. Il a la propriété qu'on lui connaît de prendre les couleurs sur lesquelles on le pose. Il en réfléchit quelques-unes d'une manière très-distincte; le rouge, le vert, le bleu particulièrement.

CHAPITRE VII.

REVENU ET COMMERCE DU ROYAUME D'ALGER.

Influence désastreuse des gouvernemens despotiques.— Impôts dans le royaume d'Alger.— Avanies.— Commerce. — Monopole du gouvernement. — Tableau des objets d'importation et d'exportation. — Consuls européens à Alger. — Régal. — Anecdotes.

Pour juger des richesses d'un royaume, il faut calculer d'abord son étendue, sa population, connaître la qualité du sol, sa fertilité, ses rapports, la vigilance des habitans qui le cultivent, et ensuite les manufactures, le commerce, l'industrie; toutes les choses enfin qui concourent au bonheur des peuples, d'où dépendent la grandeur, la force et la prospérité d'un état.

Ce qu'il importe encore d'étudier, c'est le gouvernement. S'il pratique la modération, la justice, le royaume est peuplé, cultivé; les sujets sont heureux ; et quand le sol est fertile, ils sont riches; l'état l'est aussi. Le gouvernement s'arroge-t-il la tyrannie, l'injustice, la spoliation enfin : le royaume est désert, les habitans sont malheureux, et ne travaillent que pour fournir aux premières nécessités, et mettre leur vie à l'abri de la cupidité du chef et de tous ceux dont se compose cette chaîne de despotes qui enserre la nation, du trône au dernier sbire.

Tel est le gouvernement d'Alger; tels sont tous les gouvernemens orientaux. Des écrivains qui auraient pu parler juste, s'ils avaient été mieux instruits, et s'ils n'avaient pas cru devoir se plaindre d'un gouvernement dont les lois équitables les ont dénoncés à la société, ont vanté le despotisme. Dans les états ainsi régis, tous les ordres partent d'un seul chef à la vérité, mais d'un chef ignorant, subjugué, qui ne voit son peuple que pour l'accabler de fers et d'indignes traitemens; que pour le confondre avec les plus vils animaux, et dont la main, infatigable à commander le mal, n'essuie jamais les pleurs qu'elle fait répandre. Ces honteux apologistes du despotisme, aussi méprisables que les lâches qui encensent journellement un tyran farouche dont les caprices sont des lois, révérées par ceux-mêmes qu'elles dépouillent, qu'elles égorgent, qu'ils voyagent dans ces empires dont ils vantent le gouvernement ! Ils y verront de grandes villes, où errent des infortunés que l'orgueil et la crainte entretiennent dans une oisiveté affreuse; des hommes qui n'osent se livrer à l'industrie, au travail, pour ne point exciter l'envie; pour n'être point tourmentés et forcés à se priver, au profit d'un maître cruel, des biens qu'ils auraient pu gagner : d'autres que le hasard a enrichis, ont la fortune à charge, et sont obligés de la sacrifier quelquefois toute entière à la conservation de la vie. Que l'on parcoure les vastes et délicieuses campagnes de l'Asie, de l'Afrique, sur les bords de la Méditerranée, si l'on y compte le quart des habitans que ces contrées nourriraient sans effort, alors, partisans déhontés du pouvoir absolu, grossissez vos volumes, et ne cessez de dire que le gouvernement despotique est celui que la nature a dicté pour le bonheur de l'humanité.

Le royaume d'Alger, ainsi que les empires de l'Orient, est loin de contenir toute la population qui pourrait y trouver une existence douce et facile. Le petit nombre d'habitans qu'il renferme, eu égard à son étendue, et à la richesse du sol, en laisse les trois quarts sans culture, ne connaît ni la tranquillité ni l'aisance, et succombe sous le fardeau des impôts.

Ces impôts ou *garames* consistent, 1°. en une piastre, 5 fr. 50 cent. à peu près, par tête; 2°. une piastre pour chaque mulet, bœuf ou cheval employé au labourage; 3°. une somme variable pour la grandeur du terrain que chacun ensemence. Comme ceci est à volonté, c'est aussi par où on charge le plus les habitans. Ils paient ces impositions en deux termes : le premier avant la récolte; le second, peu de temps après. Toutes ces sommes rentrent net au trésor, parce que ceux qui les perçoivent n'ont pas tant pour cent; mais ils possèdent d'autres moyens de s'enrichir, et toujours aux dépens du peuple.

C'est par des avanies qu'on dépouille, qu'on suce (s'il m'est permis de m'exprimer ainsi), ceux qui ont le malheur de fixer les regards du premier au dernier commandant : lorsque l'un d'eux sait qu'un Maure a un beau cheval, une belle mule, il les lui demande sans façon. S'il refuse, ce Maure court risque de la vie, non pas pour ce motif en apparence, mais sous un autre prétexte qui ne manque jamais aux tyrans.

Conduit en prison, chargé de fers, tourmenté, il doit encore se croire trop heureux d'éviter la mort, en donnant ce qu'on lui a demandé, avec la moitié de son bien, pour payer ses bourreaux. Les beys ou gouverneurs des provinces ne sont occupés qu'à pressurer les malheureux habitans, qu'un caprice du despote suprême a placés sous leur domination. Il n'est sorte de moyens que ces oppresseurs subalternes ne mettent en usage pour assouvir leur insatiable rapacité. Le dey lui-même voit d'un œil d'envie, mais non de colère, le dépouillement de ses sujets. Quand une fois il s'est aperçu qu'un bey s'est suffisamment gorgé des biens d'autrui, il juge alors qu'il est temps de presser l'éponge. Le bey est rappelé dans la capitale et prend soin, s'il ne veut périr par la corde, d'apporter des trésors qui ne lui ont coûté que de nouvelles violences, et qui servent à désarmer le chef du gouvernement. Quelquefois celui-ci peut contenter son avidité, tout en ayant l'air d'observer les lois de la justice. Si les plaintes de ceux qu'on dépouille avec tant d'impudeur et de cruauté sont assez fortes pour parvenir aux oreilles du dey, l'exacteur se voit puni, à son tour, et contraint de restituer, non pas au Maure, mais au prince, les choses qu'il a ravies injustement, et de payer les frais de l'avanie que cette occasion lui suscite à lui-même. Ainsi, de quelque façon que tourne l'événement, le Maure est toujours victime. Le plus court parti qu'il ait à prendre, quand un chef le soumet à quelque nouvelle exigence, c'est d'obéir aussitôt, de crainte d'y être forcé avec de plus grands dommages. En le supposant assez puissant pour éveiller la justice du dey, pour faire même disgracier son tyran, le successeur de celui-ci ne laisserait pas impunie une telle hardiesse. Exposés à toutes ces avanies, à toutes ces extorsions interminables, les Maures enfouissent leurs richesses et prennent les précautions les plus habiles pour ne point offrir, à la vue même de leurs meilleurs amis, des objets qui puissent tenter la cupidité. C'est à cause de cette tyrannie que les Maures se cachent, qu'ils fuient les endroits habités par les Turcs. On ne peut donc calculer le revenu de l'état, dont partie dépend de la volonté des Maures, partie de l'adresse qu'on emploie à saisir l'instant propice pour faire payer, et à trouver les lieux qu'ils cultivent chaque année. Quelques hordes sont constantes à retourner dans certains cantons; la plupart ne le sont point. Quoi qu'il en soit, la garame fournit beaucoup à la régence. Les habitans des villes paient une certaine somme par maison, par boutique, par jardin. Il y a des droits sur toutes les denrées qui entrent dans les marchés. Les douanes, les femmes publiques, les Juifs, paient également de fortes contributions. Enfin, il ne faut pas oublier que le gouvernement s'empare des biens de tous ceux qui meurent sans héritiers; qu'il frappe un droit de deux et demi pour cent sur toutes les importations et exportations, de vingt dollars sur les navires qui jettent l'ancre dans les baies ou ports du royaume. Le dey compte encore, parmi les sources les plus claires de son revenu, les présens et tributs que certaines nations de l'Europe ont la lâcheté de lui accorder, le prix des licences concédées pour l'exportation de l'huile, des grains et du bétail, ainsi que la vente du sel. Viennent ensuite les profits de la piraterie et du commerce des esclaves; profits qui ne laissent pas d'être encore fort considérables, quoique les corsaires algériens ne soient plus si redoutables ni si heureux qu'autrefois. Une autre source de richesses pour le gouvernement, c'est le commerce: le dey est le premier négociant du royaume: les cuirs, la laine, la cire, le vermillon, etc., doivent être mis dans ses magasins; enfin, tous les objets d'exportation lui sont dévolus. Il est défendu, sous les peines les plus sévères, à tous sujets ou étrangers, d'embarquer ou faire embarquer des marchandises qu'il n'aurait pas vendues ou permis de vendre. On conçoit sans peine qu'un gouvernement défiant, intéressé et qui entretient un grand nombre d'espions à son service, doit tirer de gros profits du commerce de ses denrées, quand il n'a point de concurrent.

Les revenus généraux du royaume sont estimés à un million neuf mille piastres d'Alger, ou deux millions de piastres d'Espagne environ, non compris les bénéfices des beys ou des différens percepteurs.

Les Européens qui veulent commercer dans cette ville commencent par distribuer des présens au dey, aux grands et à tous leurs adhérens; ensuite, ils s'adressent aux kogias, qui sont préposés à la réception, à l'achat, ainsi qu'à l'emmagasinement des marchandises du gouvernement. Ces fonctionnaires, dont il faut aussi gagner la protection, mettent en délibération le prix des denrées ou marchandises dont ils sont chargés. Les cuirs que fournira la régence, dit-on, seront affermés cette année à tel prix le cent; le blé à tant la mesure, la cire..., ainsi du reste. Les marchands consultent alors leur intérêt, le plus souvent leur amour propre, la haine que la basse jalousie allume toujours entre des concurrens, et enchérissent sur le premier prix, au détriment les uns des autres, afin d'avoir la préférence. Dans cette circonstance, les présens ne servent à rien, puisque ce n'est qu'au plus offrant qu'on délivre la ferme; mais ces présens n'en sont pas moins obligatoires; *estar uzansa*, disent les Algériens. Des négocians, étourdis des profits que leur procuraient dans les premiers temps les marchandises de cette régence, crurent devoir adresser de légers cadeaux aux grands qui les protégeaient. Ils ne prétendaient sans doute que témoigner leur reconnaissance des services momentanés qu'ils recevaient; mais l'usage s'est établi, les négocians ont donné, à l'envi les uns des autres, des cadeaux à ceux même qui ne prenaient part eux affaires que fort indirectement. C'est alors que le gouvernement, persuadé qu'il fallait que les négocians fissent ou espérassent faire des fortunes immenses sur ses denrées, pour être en état de s'assujettir à des dons si considérables, a adopté le parti de mettre ses fermes à l'enchère; et les négocians, à l'envi les uns des autres, les ont augmentées et ont renchéri sur les cadeaux, à tel point qu'ils consomment la plus grande partie de leurs bénéfices dans ces générosités forcées. Aujourd'hui un négociant ne pourrait travailler à Alger, s'il ne commençait par donner en *régal* tout ce qu'il serait à même de gagner en deux ou trois ans.

Les Algériens sentent si bien les avantages qu'ils retirent de la concurrence, que le dey disait un jour au consul de France, à l'occasion du départ d'un négociant de sa nation, qu'il fallait en faire venir un autre, parce qu'il était d'usage qu'il y eût trois marchands français à Alger.

Afin de voir revenir plus souvent les cadeaux extraordinaires, car il y en a d'annuels, qu'on doit bien se garder d'interrompre, ce rusé gouvernement n'afferme que pour une seule année. Lorsqu'il y a un excédant dans les produits, le dey avertit l'un des marchands qu'il lui fournira un chargement de blés, orge, huile, etc., à tel prix. Le marchand a beau représenter qu'il n'a pas de commission, qu'il serait embarrassé de la quantité, qu'il perdrait sur le prix, on ne l'écoute pas. S'il refuse, il peut plier bagage, parce qu'il ne fait plus rien. « Il faut perdre dans un temps, pour gagner dans un autre, » disent ces gens-ci.

TABLEAU

DES OBJETS D'IMPORTATION ET D'EXPORTATION.

IMPORTATIONS.

Sucre.
Café.
Cochenille.
Poivre.
Poivre giroflé.
Girofle.
Cannelle.
Gingembre.
Alun d'Angleterre.
Alun de Rome.
Alquifoux.
Drap de Sédan.
Drap d'Elbœuf.
Vins.
Drap Londrin (premier).
Drap Londrin (second).
Dorure.
Mouchoirs de soie de Catalogne.
Soie de Syrie.
Soie Brousse.
Soie de Provence.
Soie de Côte nouée.
Toileries de toutes sortes.
Fil de Salo.
Fer.
Quincaillerie.
Peignes de bois.
Vieilles cardes.
Riz.

EXPORTATIONS.

Blé.	Essence de rose.
Orge.	Huile.
Pois chiches.	Bêtes à cornes.
Fèves.	Moutons.
Maïs.	Chèvres.
Escajolle, ou graine d'oiseau.	Toiles grossières.
	Cotons.
Raisins.	Brocards.
Figues sèches.	Taffetas.
Miel.	Mousselines.
Dattes.	Plumes d'autruche.
Tabac.	Laine Surge.
Cire.	Laine Pellade.
Vermillon.	Cuirs.

Les métiers les plus estimés dans ce pays sont ceux de joaillier, de droguiste, de cordonnier et singulièrement de bonnetier. La quantité de bonnets qu'on envoie dans le Levant est extrêmement considérable. L'intérieur du royaume renferme aussi des fabriques de faïence et de quincaillerie. Les Algériens pratiquent avec habileté la préparation des cuirs, et le maroquin, nom que portent en Barbarie toutes les peaux colorées, est travaillé chez eux avec beaucoup d'art. On estime la laine d'Alger pour son admirable aptitude à recevoir toutes les couleurs dont on veut la teindre, et la finesse des soies avec lesquelles on fait pour femme des écharpes qui sont avidement demandées dans tout le nord de l'Afrique. Les tapis d'Alger, appelés *niram*, l'emportent, sinon par la beauté, du moins par la douceur sur ceux de Turquie. L'essence de rose compte au nombre des articles les plus renommés et les plus précieux du commerce algérien. La plus recherchée provient d'une rose blanche nommée *nessari*. Les Maures, quoique la chimie soit chez eux si peu avancée, ne connaissent cependant point de rivaux dans l'art de distiller l'essence de rose. On fait encore à Alger un commerce actif de schals des manufactures du pays ou de l'étranger; les armes à feu en général, la poudre à canon, les pierres à fusil, le fer travaillé, les munitions navales y trouvent également un débit prompt et avantageux. La poudre d'or, les plumes d'autruche, les dattes et autres denrées que les Algériens vendent aux commerçans de l'Europe, viennent d'une tribu établie au midi du royaume, vers les frontières de Tunis, et qui trafique habituellement avec les peuples des contrées centrales de l'Afrique. Les objets qu'Alger envoie en retour de ces riches marchandises consistent en couteaux, ciseaux, petits miroirs, tabacs, dagues turques, et de plus une grande quantité de sel. Enfin le commerce d'Alger comprend en outre toutes les choses que le brigandage des pirates amène dans ses murs.

Les Juifs de cette ville et quelques Maures font presque tout le commerce d'importation en tirant directement de Marseille et de Livourne tous les articles de détail. Sous un gouvernement qui n'entraverait point l'essor de l'industrie et la liberté des transactions commerciales, le royaume deviendrait, on ne saurait en douter, l'entrepôt de l'Afrique et de l'Europe, et l'un des états les plus florissans du monde.

La France, l'Angleterre, la Suède, le Danemarck, les États-Unis, les Pays-Bas, entretiennent des consuls auprès du dey d'Alger pour protéger leur commerce respectif, et pour maintenir la paix et la bonne intelligence entre ce souverain et ces diverses puissances. Elles ne trafiquent pas toutes régulièrement avec Alger; mais lorsqu'elles n'ont point d'établissemens dans ce pays, ou qu'elles n'y montrent que rarement leur pavillon, ces puissances ont encore besoin de consuls pour veiller à ce que les

Algériens ne troublent point le commerce qu'elles font dans la Méditerranée.

La paix, que quelques nations achètent bien cher, et dont les traités sont authentiques et appuyés sur les sermens et les écrits, n'est point un lien assez sacré pour contenir ces pirates, et les empêcher de courir sur les vaisseaux de leurs amis. Les consuls sont souvent obligés d'élever des réclamations dont ils n'ont pas toujours lieu d'être satisfaits.

Les gouvernemens de Danemarck, de Venise et de Hollande, étaient forcés autrefois de payer, pour être en paix avec cette régence, un tribut annuel, appelé *régal*, de la valeur de cent mille livres environ. Les Vénitiens l'acquittaient en or; les deux autres nations fournissaient de la poudre à canon, des boulets, du bois de construction, des planches, des mâts, etc., des ancres, câbles, goudrons; et comme tous les consuls étaient accoutumés à donner un régal d'environ trente mille livres en arrivant à Alger, un des deys, pour voir revenir plus souvent ce régal, voulait contraindre les puissances qui envoient ces officiers près de lui à les changer tous les deux ans. Il avait réussi auprès de la Suède, du Danemarck, de Venise et de la Hollande, non pas à obtenir le changement des consuls tous les deux ans, mais à se faire payer le régal d'arrivée à ce terme : c'était bien tout ce qu'il désirait, aussi n'a-t-il élevé dès lors aucune difficulté pour la plus ou moins longue résidence des mêmes officiers. La France et l'Angleterre n'ont jamais voulu accéder à ces vues rapaces, et leurs consuls ne donnent que le régal d'entrée.

Le présent consulaire est composé de diamans, montres, bijoux, draps, etc. Il est distribué au dey, à ses ministres, à différens Turcs en place, et surtout aux raïx ou capitaines de vaisseau. Le présent annuel appartient au gouvernement.

Quand les navires des nations soumises au régal tardaient un peu à paraître, le dey envoyait chercher les consuls; et, comme s'ils étaient maîtres des circonstances et des événemens qui peuvent causer ces retards, il leur fixait un terme, dans l'espace duquel devaient arriver les présens : à défaut d'exactitude à l'expiration de ce terme, le consul était chassé, et la guerre déclarée.

En 1778, les Vénitiens envoyèrent leur présent, accompagné d'un vaisseau de guerre, d'une frégate et d'un chébec. M. Aimo, noble vénitien, qui commandait cette petite escadre, fut annoncé au dey comme un homme de sa qualité; en conséquence, on lui permit de s'asseoir devant sa majesté algérienne à l'audience où il fut admis, sur une vieille chaise à barbier, qui pourissait dans un coin des galetas du palais royal. Pour cet honneur, il lui fut enjoint de faire un présent équivalent à celui dont est chargé le consul. On eut beau parler, crier, se débattre, les Algériens tinrent ferme, et le noble vénitien paya la distinction de la chaise trente mille livres.

Il n'y a point de nation au monde moins avare d'honneurs que les Algériens : ils en rendent au premier venu, mais toujours à prix d'argent : il ne faut que demander et payer. Deux ans avant l'anecdote du Vénitien, un certain M. Jonsthon, Anglais, fut envoyé par le gouverneur de Mahon, pour solliciter un chargement de blé auprès de cette régence. Comme il n'y avait point alors à Alger de consul de sa nation, il prétendit être salué, ou, pour mieux dire, il pria le dey de le faire saluer à son débarquement par le canon de la place, pour honorer le caractère d'ambassadeur, dont il se disait revêtu. Cette grâce lui fut accordée, et M. l'ambassadeur commissionnaire, dont l'emploi à Mahon était celui de scribe ou secrétaire du gouverneur, eut cinq coups de canon en mettant

pied à terre. Il distribua des cadeaux au dey et à tous les grands de la régence, en raison de son titre, du bruit et de la fumée qui avaient accompagné ses premiers pas à Alger, et certainement ces cadeaux étaient assez considérables pour qu'il pût se croire quitte; mais, par une triste fatalité, il avait oublié le canonnier, qui, ne perdant point de vue M. le commissionnaire, vint le trouver chez le consul de France, où il était en partie, pour lui remettre le mémoire de la salve. Rougir, pâlir et vomir deux cents *goddam* fut l'affaire d'un moment pour M. l'ambassadeur, qui finit par dire qu'il ne paierait pas les honneurs que réclamait son rang. « Les
» Algériens ne font pas payer les personnes
» auxquelles ils doivent, dit le musulman porteur du mémoire; tu as demandé cinq coups
» de canon, qui coûtent quatre-vingt-quatre
» livres; paie-les tout de suite, et tiens-toi fort
» honoré d'avoir trouvé pour ce prix une grâce
» aussi éclatante. » L'Anglais, honteux et confus de voir sa petite menée démasquée par un Turc, qui ajoutait à cet affront le plus profond mépris, sortit deux portugaises de sa poche, qu'il aurait sans doute doublées et triplées pour n'avoir pas éprouvé cette humiliation devant des Français.

Si l'incroyable avidité des Algériens leur permet de saisir sans considération tous les moyens qui procurent de l'or, il ne faut pas croire qu'ils soient sans orgueil; ils ont bien celui de se placer comme nation importante dans le monde politique. Leur gouvernement est d'une arrogance et d'une fierté sans égales : il est vrai que c'est le caractère de leurs sociétés; mais c'est aussi la suite du mépris que leur ont long-temps inspiré les Européens qui ont voulu les châtier, et surtout la manière humble dont la plupart ont accepté les conditions avilissantes que ces forbans ont eu l'audace de dicter.

CHAPITRE VIII.

DES FORCES DE MER, DE LA PIRATERIE ET DES ESCLAVES.

Brigandage des Algériens. — Affaiblissement de leur marine. L'espagnol Barcello. — Combat de deux frégates et d'un vaisseau espagnol avec un corsaire algérien. — Marine d'Alger en 1779. — Composition des armemens. — Manière de combattre. — Marine d'Alger en 1795. — En 1829. — Partage des prises. — Vente des esclaves. — Batistan. — Rachat des esclaves. — Moyens de conquérir le royaume d'Alger. — Allocution de l'auteur à la France.

L'existence des Algériens tient au brigandage, au malheur, à la désolation des peuples qui ne les soldent point. Ils jouissent des maux d'autrui, des maux qu'ils causent en ravissant l'époux à sa femme, le fils à son père, le frère à sa sœur, le père à toute sa famille; en ravissant des biens qu'une industrie laborieuse accumule lentement à travers les orages et les mille périls de la mer.

Je reviens à ce que j'ai dit plus haut, que les corsaires algériens n'étaient plus si heureux ni si redoutés qu'autrefois. Dès le dernier siècle, ils étaient considérablement affaiblis. L'Espagne alors aurait eu des chances de succès dans l'entreprise de détruire ce repaire de brigands; mais l'Espagnol Barcello est le seul homme de sa nation qui ait su combattre ces corsaires avec bravoure et habileté. Il les a toujours battus, et les aurait anéantis sans doute, si l'Espagne avait mis assez de confiance en ses talens supérieurs pour lui abandonner le soin des expéditions qu'elle a faites contre ces barbares, depuis que le nom de Barcello en était devenu la terreur. De quelque nature, de quelque grandesse que soient les *doms*, ils ne sont jamais que des Espagnols pour les Algériens, c'est-à-dire de faibles hommes, et malheureusement le plus souvent on ne leur a pas opposé d'autres adversaires. Aussi c'est d'eux et de leurs actions que vient l'origine du mot *Espagnolade*, qu'ont mis à la mode sur les côtes de Barbarie plusieurs affaires du genre de celle que je vais rapporter.

Au mois de juillet 1778, un vaisseau espagnol de 74, et deux frégates de 30 et 36 canons, croisaient devant la rade d'Alger, sous les ordres de dom Magaredo. Le 18 du mois, ils eurent connaissance d'un corsaire de la régence qui voulait entrer dans la rade. Ce corsaire avait encore trois lieues à faire pour gagner le port, et déjà l'une des frégates le canonnait, lorsqu'il partit un signal du vaisseau pour lui ordonner de virer de bord. Le vaisseau venait à toutes voiles avec l'autre frégate ; mais le vent était faible, et des chaloupes étaient parties du port pour remorquer le corsaire. Elles eurent le temps de le joindre avant que la frégate, qui avait abandonné une victoire sûre par ordre du commandant, eût reçu un nouveau signal de chasse. On attendit pour le lui donner qu'elle fût près du vaisseau ; il était trop tard, le vent diminuait toujours, elle s'était éloignée, et le corsaire, au moyen de la remorque, lui avait ôté l'avantage de la vitesse. Cependant elle arriva et put encore envoyer quelques bordées. Le vaisseau envoya la sienne et revira de bord aussitôt, en faisant signal de retraite. Il faut conclure de cette conduite indécente et lâche que le commandant avait voulu se réserver l'honneur de la conquête, ou qu'il avait craint qu'un corsaire de vingt-deux canons n'enlevât en sa présence une frégate de trente. Après cet exploit et celui d'avoir laissé rentrer le lendemain de cette mémorable journée deux autres corsaires, dont il se trouva assez près pour les héler et leur souhaiter bon voyage, dom Magaredo partit pour Malaga, où il traça le récit de ce combat dans un style fier et pompeux.

On doit pourtant rendre justice aux commandans des deux frégates : celui de la plus grosse, qui n'avait pu, malgré les efforts dont il était capable, arriver assez tôt pour couper le passage au corsaire, le chassa au canon jusque sous les murs de la ville, où il aurait certainement réussi à le faire échouer, s'il n'avait été exposé lui-même au feu des forts. Ce brave officier, dont la conduite a été admirée des Algériens eux-mêmes, n'aura pas manqué de déplaire au lâche Magaredo, qui lui avait fait signal de retraite.

Voici l'état de la marine d'Alger en 1779 :

Une caravelle de soixante canons, moitié pourie; cinq saïeties ou barques, une de 24 canons, une de 20, une de 18, une de 14, une de 8, et une autre, sur le chantier, de 18; quatre demi-galères, deux de 7 canons, dix-huit paires de rames; deux de 5 canons, dix-neuf paires de rames; trois gaillotes de 2 canons. Total : quinze corsaires.

Leurs armemens sont composés d'un *raïx*, capitaine, d'un *bacha-raïx*, second capitaine; d'un *sassa-raïx*, lieutenant; d'un maître d'équipage; de douze *sotto-raïx* (ce sont les premiers matelots qui parviennent avec le temps au grade de raïx); d'un chiaoux, nommé par le raïx, et pour la campagne seulement; d'un kogia et d'un iman qui remplit ses fonctions comme à terre, en appelant à la prière aux mêmes heures et de la manière accoutumée. On commande les matelots, qui sont tous Maures, le bâton à la main et de la façon la plus dure. Les Turcs ne reçoivent d'ordre de personne. Le raïx, qui est le plus souvent un Maure ou un Couloglis, ne leur parle même qu'avec circonspection. Ils sont pourtant soumis au divan, composé des huit plus anciens de leurs camarades, du raïx, du bacha-raïx et du sassa-raïx.

Dans un combat, les Algériens n'envoient que des boulets, jamais de mitraille; ils n'en savent point faire usage. Les équipages sont armés de pistolets et de sabres; aucuns ne connaissent la carte ni la boussole, et très-peu savent manœuvrer; aussi ont-ils la précaution de prendre avec eux quelques esclaves chrétiens pour se faire piloter.

La marine d'Alger, en 1795, ne montait

plus qu'à dix ou onze vaisseaux ; elle rivalisait, il y a deux siècles, avec celle des plus puissans états de l'Europe. Aujourd'hui, l'escadre algérienne est composée d'une frégate de 44 canons, d'une corvette de 40, de deux polacres de 22, de deux petits bricks de 14, et de trois goëlettes de 12. Ces onze bâtimens sont montés par 3,260 hommes et armés de 192 canons. On peut ajouter à ces forces quelques bâtimens bloqués du côté d'Oran, au cap de Tenez, et dans les ports de Tedlez, Bonne, etc.

Les soldats et matelots sont engagés pour un certain nombre de parts, qui sont réglées suivant le rang et la capacité de chacun. Dans les prises, le gouvernement, ou l'armateur, a toujours la moitié ; le raïx a quarante parts de l'autre moitié, le second, vingt, ainsi de suite.

Les officiers de toutes sortes de grades, et jusqu'aux sergens, les prêtres, les chirurgiens, ceux qu'on croit de condition, appartiennent de droit au gouvernement, dans les captures d'esclaves faites par les corsaires de la régence ; s'il en reste encore pour les équipages, après les droits prélevés, le dey commande de les estimer et se les adjuge au prix qui vient d'être déterminé. Ceux qui restent des corsaires particuliers sont menés au marché public, appelé

Batistan, où ils sont visités et vendus, comme les chevaux en France, au plus offrant; on les fait courir, sauter, porter quelques fardeaux. Les membres, la bouche, les yeux, etc., tout est exploré scrupuleusement; les femmes même sont sujettes à cette affreuse coutume.

Les esclaves du gouvernement sont conduits dans les bagnes, où l'on prend leur nom et celui de leur pays; ensuite on leur attache un petit anneau de fer à la jambe; on leur donne une grosse chemise, une capote et une culotte de laine brune; une couverture de laine aussi, et on les envoie travailler à la marine ou aux carrières. Pour nourriture ils ont trois pains noirs d'une demi-livre chacun, par jour, et un peu d'olives au vinaigre.

Leurs travaux commencent au lever du soleil, sous l'inspection de quelques Turcs nommés gardiens, et finissent vers quatre heures du soir. Ces officiers ne demeurent point avec eux pendant la nuit; ils les enferment seulement dans les bagnes, après les avoir passés en revue: ils les consignent à un écrivain, esclave comme eux, qui en tient une liste, et à un autre individu qu'ils nomment caporal. Le matin, les gardiens viennent ouvrir les portes, recommencent l'inspection, et conduisent chacun à sa destination.

Les esclaves qui ont des professions ou d'autres moyens pour vivre, peuvent s'exempter des travaux royaux, moyennant une redevance mensuelle ; ce qui s'appelle payer la lune. Pour cet effet, ils n'ont qu'à se présenter au grand écrivain, qui les enrôle sur la liste des payeurs de lune et leur permet de vaquer à leurs affaires pendant la journée; mais ils doivent coucher aux bagnes, s'ils ne sont protégés et cautionnés par des Européens établis dans la ville. Les esclaves de considération sont exempts de payer la lune, sans l'être de porter les fers.

Le grand écrivain est pour ainsi dire le premier et le chef des esclaves : il en est au moins le représentant. Il est particulièrement proposé au bagne de Baïslek, le plus considérable de tous. Cet écrivain est chargé de tenir une liste de tous les esclaves de la régence, et de percevoir la lune de ceux qui doivent la payer. C'est lui qui a le soin de faire mettre à la chaîne et châtier ceux qui ont commis quelque faute. Lorsque quelques-uns d'eux veulent contracter ensemble pour prêt d'argent ou autres choses, ils s'adressent au grand écrivain, qui rédige le billet, le donne à signer au gardien Bachi, chef des gardiens, et le signe lui-même; il a beaucoup de relations avec le dey et les grands à cause de sa place. Il a pour honoraires le privilége de tenir une taverne dans son bagne, qui ne paie rien au gouvernement : c'est la seule qui jouisse de cet avantage. Les autres écrivains ont aussi ce privilége dans leurs bagnes respectifs; mais ils paient quatre piastres par tonneau vendu. Le grand écrivain reçoit de plus une piastre par chaque esclave qui est racheté, et s'il arrive une rédemption générale de quelque nation que ce soit pendant les cinq ans qu'il doit occuper cette place, il obtient la liberté. Son rachat coûte 15 mille francs qu'il est obligé de compter, s'il ne vient point de rédemption générale. L gouvernement ne peut être dupe des malversations de ce personnage, parce que, pour remplir cette charge, il faut avancer 60,000 fr. qui répondent de sa fidélité. Il n'est pas rare de voir qu'un de ces écrivains puisse se retirer avec de la fortune, même après avoir acquitté le prix de sa rançon.

Dans chaque bagne se trouve une petite église desservie par des missionnaires, où l'on célèbre le service divin les dimanches, fêtes et vendredis de chaque semaine, avant le jour.

Il y a aussi pour les esclaves un hôpital entretenu aux frais de la congrégation des dominicains espagnols, où sont dressés cent lits. Tous les esclaves indistinctement y sont reçus et traités de tous maux.

On comptait à Alger, lors du dénombrement de 1778, treize cent trente-huit captifs appartenant à la régence : il pouvait bien y en avoir sept cents à des particuliers, ce qui formait un total de deux mille trente-huit malheureux. Dans ce nombre on remarquait quatre cents Français, déserteurs d'Oran. Il arrivait de cette ville, si précieuse pour les Algériens lorsqu'elle était au pouvoir des Espagnols, qu'ils disaient : Nous la donnerions au roi d'Espagne s'il ne l'avait pas; il arrivait, dis-je, près de cent déserteurs par an de toute nation; et c'était autant d'esclaves, mauvais sujets à la vérité, mais ayant des bras, et rapportant au gouvernement d'assez fortes sommes quand ils étaient rachetés, bien qu'à un prix modéré. Ceux qui viennent de la mer coûtent deux et trois fois plus que ces premiers; quand ils ont le malheur de tomber en partage à quelques grands, chez lesquels ils sont cependant mieux que partout ailleurs, ils coûtent mille sequins : ce haut prix rend les rédemptions difficiles, et très-lucratives pour les Algériens. Avant l'expédition de lord Exmouth, Alger renfermait encore plus de deux mille esclaves.

J'ai fait connaître l'état maritime de cette puissance, de cet épouvantail qui en a imposé à toute l'Europe, qui force encore quelques potentats de cette célèbre partie du globe à se soumettre à des lois tyranniques et avilissantes. Je dirai maintenant un mot des forces de terre de Hussein, dey actuel d'Alger. Elles se composent des troupes ou milices du gouvernement et des troupes auxiliaires. La garnison d'Alger forme six à sept mille Turcs, et autant de Maures et de Coulogis. Il s'y trouve environ deux mille hommes de cavalerie. Depuis quelque temps, Hussein a établi de nouveaux corps de naturels du pays et d'esclaves venus de la Nigritie. Mais ces troupes irrégulières, inaguerries, n'ayant pas la moindre idée de nos manœuvres, armées de fusils de divers calibres, savent à peine charger leurs armes avec une lenteur inconcevable, et n'opposeront jamais de ferme résistance à l'ennemi. Le dey compte beaucoup sur des corps auxiliaires d'Arabes des tribus de Medua, de Mésila et de Constantine. Il attend aussi des renforts de la Nigritie et de Tafilet. On peut juger, d'après l'énumération et la nature de ces forces, des craintes qu'elles doivent inspirer à une armée européenne.

Tout dégradés du nom d'hommes que paraissent la plupart des Barbaresques, leur pays, eux-mêmes, ne sont peut-être pas tout-à-fait indignes d'être conquis. Ils se régénéreraient sans doute s'ils étaient gouvernés par des lois justes, équitables, et si on leur apportait nos lumières. Leur pays serait préférable aux côtes éloignées, aux îles mal saines de l'Amérique, à beaucoup d'autres terres plus lointaines encore, moins fertiles, que le besoin de s'agrandir fait chercher aux nations commerçantes et agricoles. On méprise des biens qui sont sous les yeux; on néglige d'alléger le globe d'un poids qui le surcharge, et déshonore l'humanité. Je fais des vœux sincères pour le bonheur de tous les hommes, mais je verrai d'un œil sec détruire ceux qui en sont la honte et la terreur, si on ne peut réussir à les civiliser.

La France et l'Angleterre sont les seules puissances de l'Europe qui puissent entreprendre séparément la conquête du royaume d'Alger. Leurs forces de terre et de mer, la proximité, et peut-être une plus parfaite connaissance des lieux : voilà des moyens qui répondent du succès. Ces deux derniers avantages sont partagés par l'Espagne; mais les Espagnols ne peuvent point songer à soumettre des peuples, qui professent pour eux et l'antipathie et le mépris le plus ouverts. D'ailleurs les principes destructeurs de cette nation renouvelleraient en Afrique les horribles massacres des Cortez et des Pizarre ; les malheureux Maures seraient tous exterminés ou bannis, et cette terre fertile, changée en de plus tristes déserts, se couvrirait de deuil et de ruines. Détournons les yeux d'un tableau aussi affreux, et souhaitons que ce projet n'entre jamais dans le conseil d'un gouvernement orgueilleux, fanatique et sanguinaire, qui paraît heureusement condamné à l'inaction.

Si la France entreprend cette conquête, elle fera partir de Toulon et Marseille, dans les mois d'avril ou de mai, dix à douze bâtimens de guerre, qui escorteront un convoi portant quarante mille hommes de débarquement. Vingt-cinq mille seront dirigés sur Alger, les quinze autres mille iront descendre à Bonne, avec de l'artillerie de campagne, pour se rendre à Constantine, qui n'a qu'une garnison de quelques Maures, que la présence de nos soldats ou leurs canons mettront promptement en fuite.

Les vingt-cinq mille hommes destinés pour Alger seront conduits par un amiral expérimenté qui aura pris les précautions nécessaires afin de les faire débarquer la nuit même du jour qu'ils se présenteront devant la ville. Quinze mille hommes mettront pied à terre entre la porte *Bebe-Zou* et le fortin de l'Aga, qu'ils prendront sans coup férir. Cinq mille de ce détachement se porteront aussitôt à la Porte-Neuve. Trois cents hommes suffiront pour s'emparer du Château de l'Empereur. Les dix mille hommes restans descendront entre la porte *Bebe-Luette* et un petit fortin dont ils n'auront pas de peine à se rendre maîtres. Ces trois divisions attaqueront en même temps et dans la nuit les trois portes devant lesquelles elles auront été postées. Je crois qu'il ne faudrait pas plus de deux campagnes pour soumettre entièrement le pays. On ne rencontrera point d'opposition au débarquement, s'il est fait dans les lieux mentionnés et de la manière indiquée, surtout à la faveur des ténèbres. Les Algériens ne s'attendront jamais à un débarquement si près d'eux et dans la nuit. Ils aiment à voir le danger, parce qu'ils l'évitent autant que possible. La nuit, ils perdent la tête, et l'effroi que cause un combat nocturne est pour eux pire que la mort.

Le débarquement pourrait aussi s'opérer dans

la baie de Temend-Foust, localité accessible de toutes parts, et où Charles-Quint ne rencontra point d'obstacle pour faire sa descente. L'armée marcherait sans retard sur Alger pour en commencer le blocus.

Le prise d'Alger exige surtout de la célérité et de la hardiesse ; il ne faut que des baïonnettes aux soldats, beaucoup de conduite au général en chef, de la bonne volonté et de l'intelligence au commandant de l'escadre.

Après la ville réduite, vingt mille de ces soldats se mettront en mouvement par les plaines de la Métige, pour se rendre du côté de Constantine. Ils auront à subjuguer tout le pays entre Alger et cette ville avant la fin de la campagne, qu'ils termineront par l'occupation de Teterie, où ils prendront leur quartier d'hiver. L'année suivante, il faudra séparer toutes les forces qui auront pu se rejoindre dans les plaines de Constantine. Vingt mille hommes seront chargés de la conquête des provinces de l'ouest ; douze mille hommes iront attaquer les montagnards, qu'on se gardera bien de chasser comme des bêtes fauves, mais qu'il sera facile de dompter, en leur offrant des conditions humaines et des lois douces, appuyées par la présence d'un corps de troupes respectable.

Alger, et Constantine fourniront les vivres nécessaires à ces armées ; ils en fourniront abondamment, à bon compte, et sans que les convois courent le danger d'être interceptés.

L'armée d'invasion risquerait d'échouer à la fin si elle se contentait de la prise de la capitale et de celle du principal département, estimant ces conquêtes suffisantes pour en imposer aux Maures de tout le royaume, et les obliger à se soumettre d'eux-mêmes. L'attachement des Maures pour une religion qui autorise leurs passions, leurs goûts, et qui plaît singulièrement à leur imagination ; l'opinion qu'ils ont des Européens, dont les mœurs policées et sociales choquent leurs usages et répugnent à leurs bizarres coutumes ; le bouleversement d'une constitution analogue à leur façon de penser ; la crainte d'être dépouillés, d'être traités plus inhumainement qu'ils ne le sont par les pirates qui vivent dans la même croyance qu'eux ; toutes ces considérations influeraient puissamment sur ces hommes faibles, effrayés, à qui on laisserait le temps et la volonté du choix, et leur feraient embrasser le désespoir, abandonner leurs habitations, pour fuir sur des montagnes où il serait impossible de les atteindre. Il faut les étonner par la rapidité des conquêtes, et surtout les gagner par la bonté, la justice et la tolérance. Avec le temps, des soins, des encouragemens, les Maures renonceront à leur vie errante et misérable; ils se replaceront sous le joug des lois; ils rechercheront les arts, les sciences; ils adopteront nos mœurs, nos usages, nos goûts, nos commodités; ils s'adonneront avec plus d'ardeur à la culture et au travail, et se développeront graduellement aux rayons de la civilisation européenne.

Indépendamment des denrées que fournit actuellement ce royaume, ses nouveaux possesseurs pourront en tirer la plupart des productions que les nations de l'Europe vont chercher à grands frais en Amérique; le sucre, le café, l'indigo, le coton, passeront les espérances des colons qui entreprendront ces cultures. Ils y trouveront des mines d'argent, peut-être en trouveront-ils d'or, et dans les coffres du dey dix ou douze millions de piastres qui serviront à payer les frais de la guerre.

Voilà un superbe pays et de grandes richesses à conquérir, un peuple à délivrer de la servitude, et l'Europe de la piraterie. C'est à vous, ô ma chère patrie! que j'adresse mes vœux pour ce grand ouvrage. Prenez les armes contre ces tyrans de la mer; détruisez leur gouvernement; brûlez et anéantissez tout ce qui a pu contribuer à entretenir leur farouche despotisme. Et si vous usez de la victoire avec cette modération et cette douceur qui caractérisent notre belle France, je remercierai le ciel de m'avoir inspiré les moyens que j'indique; toute l'Europe, les Maures, sans doute, rediront vos louanges, et béniront le monarque qui aura mérité le surnom de bienfaisant au milieu de la barbarie.

PARIS. — IMPRIMERIE DE FAIN, RUE RACINE, N°. 4,
PLACE DE L'ODÉON.

Carte des Environs d'Alger

TABLE

DES CHAPITRES.

                                          Pag.

INTRODUCTION. — Coup d'œil historique sur les différentes expéditions d'Alger, depuis Charles-Quint jusqu'à nos jours. . . . . j

CHAP. Ier. — Royaume d'Alger. 1

CHAP. II. — Ville d'Alger. 10

CHAP. III. — Des différens peuples qui habitent le royaume d'Alger. 28

CHAP. IV. — Des Algériennes, Mauresques et Juives. 56

CHAP. V. — Gouvernement algérien. 79

CHAP. VI. — Royaume d'Alger, climat, productions du pays. 123

CHAP. VII. — Revenu et commerce du royaume d'Alger. 146

CHAP. VIII. — Des forces de mer, de la piraterie et des esclaves. 165

FIN DE LA TABLE DES CHAPITRES.